2024

ユーキャンの

保育士

実技試験
合格ナビ

もくじ

1章 音楽に関する技術

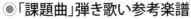

2章 言語に関する技術

※p.17の「紙鍵盤」、p.86の造形技術 実践練習用の「解答用紙サンプル」は以下のURLからダウンロードができます。プリントアウトしてお使いください。
https://www.u-can.co.jp/book/download/

3章 造形に関する技術

保育士 実技試験概要

筆記試験の全科目合格者を対象に、以下の日程で実施されます。

受験申請時に下記①～③の中から選択した**2分野を受験**し、両分野とも満点の**6割（30点）以上**の得点で合格となります。

実技試験の日程と要項	試験日	試験分野	満点
	[前期試験] 2024年6月30日（日） [後期試験] 2024年12月8日（日）	①音楽に関する技術	50
		②造形に関する技術	50
		③言語に関する技術	50

※幼稚園教諭免許状所有者等で実技試験免除申請をされた方は受験免除になります。

①音楽に関する技術

幼児に歌って聴かせることを想定して、課題曲の両方を弾き歌いする。

求められる力：保育士として必要な歌、伴奏の技術、リズムなど、総合的に豊かな表現ができること。

課題曲　1．『**夕焼け小焼け**』（作詞：中村雨紅　作曲：草川信）

2．『**いるかはザンブラコ**』（作詞：東龍男　作曲：若松正司）

● ピアノ、ギター、アコーディオンのいずれかで演奏する。（紙の楽譜のみ持ち込み可）
● ピアノの伴奏には市販の楽譜を用いるか、受験申請の手引きに添付された楽譜のコードネームを参照して編曲したものを用いる。
● ギター、アコーディオンで伴奏する場合には、添付楽譜のコードネームを尊重して演奏する。
● いずれの楽器とも、前奏・後奏を付けてもよい。歌詞は1番のみとする。移調してもよい。

注意1：ピアノ以外の楽器は持参すること。
注意2：ギターはアンプの使用を認めないのでアコースティックギターを用いること。カポタストの使用は可。
注意3：アコーディオンは独奏用を用いること。

※令和7年の実技試験より、楽器はピアノ（グランドピアノ、アップライトピアノ、電子ピアノのいずれか）もしくはギターのみとなる。

音楽技術を選択する

【メリット】	【デメリット】	【こんな人におすすめ】
・楽譜を見てもOKなので暗譜が苦手な人も安心。 ・練習した課題曲が保育現場でも役に立つ。	・一発勝負なので失敗することがある。 ・試験時間が短いので、雰囲気に飲まれやすい。 ・楽器が苦手な人は準備期間が必要。	・歌うことが大好き。 ・ピアノやギターの経験がある（小さいころに習った程度で可）。

②造形に関する技術

保育の一場面を絵画で表現する。

求められる力：保育の状況をイメージした造形表現（情景・人物の描写や色使いなど）ができること。

● 表現に関する問題文と条件は試験の当日に提示される。

● 当日示される問題文で設定された一場面を、条件を満たして表現する。

造形技術を選択する

【メリット】	【デメリット】	【こんな人におすすめ】
• 面接型ではないので、比較的緊張しない。 • コツをつかめば、練習により上達しやすい。 • 最後には、苦手だった人も、ちょっとした絵が描けるようになる。	• 事例一つに、約45分必要なので、練習時間がかかる。 • 絵が苦手な人は、人一倍練習をする必要がある。 • 課題内容が当日までわからない。	• 絵が好きな人。 • 絵がうまくなりたい人。 • 現場の経験があり、いろいろな場面をイメージできる人。 • 緊張しやすい人。

③言語に関する技術

3歳児クラスの子どもに「3分間のお話」をすることを想定し、下記の1～4のお話のうち一つを選択し、子どもが集中して聴けるようなお話を行う。

求められる力：保育士として必要な基本的な声の出し方、表現上の技術、幼児に対する話し方ができること。

課題　1．「**ももたろう**」（日本の昔話）
　　　　　2．「**おむすびころりん**」（日本の昔話）
　　　　　3．「**3びきのこぶた**」（イギリスの昔話）
　　　　　4．「**3びきのやぎのがらがらどん**」（ノルウェーの昔話）

● 子どもは15人程度が自分の前にいることを想定する。

● 一般的なあらすじを通して、3歳の子どもがお話の世界を楽しめるように、3分にまとめる。

● お話の内容をイメージできるよう、適切な身振り・手振りを加える。

注意：絵本・道具（台本・人形）等の使用は禁止です。これらを使った場合は不正行為になります。

言語技術を選択する

【メリット】	【デメリット】	【こんな人におすすめ】
• 試験は3分と短い。 • 暗誦したら、保育の現場でも実践できる。	• 面接型であり、暗誦が必要なので、緊張する。 • 人としての立ち居振る舞いも見られている。	• 絵本が好きな人。 • 人前で話すことが好きな人。 • 周りから好印象をもたれる人。

過去の課題と近年の傾向

過去どのような出題がされているのか、課題の一覧表で確認をして近年の傾向をおさえ
ておきましょう。

		令和3（2021）年		令和4（2022）年		
		前期	後期	前期	後期	
音楽技術		「あひるの行列」		「小鳥のうた」		
		「揺籃のうた」		「びわ」		
造形技術	事例	H保育所の4歳児クラスの子どもたちは、園庭で砂遊びをしています。子どもたちは、シャベルやスコップを使って穴を掘ったり、水場から水を運んで川や池を作ったりして保育士と一緒に楽しく遊びました。	H保育所の4歳児クラスの子どもたちは、園庭で色水遊びをしています。水の感触を楽しみながら、空き容器に色水を入れて並べてみたり、ジュースに見立てたり、色を混ぜるなどして、保育士と一緒に遊んでいます。	M保育所の3歳児クラスの子どもたちが、保育士と一緒に園庭でフィンガー・ペインティングをしています。机に広げられた紙の上で、絵の具の感触を確かめたり、大きく腕を動かしたりして、楽しく描いています。	M保育所の3歳児クラスの子どもたちは、保育室内で、大きな鬼の顔が貼られた壁に向かって豆まきを楽しんでいます。保育士は、そばで見守りながら遊びに加わっています。	
	条件	①シャベルやスコップなどの道具を使って、砂遊びを楽しんでいる様子を描くこと。②園庭での砂遊びの様子がわかるように描くこと。③子ども3名以上、保育士1名以上を描くこと。④枠内全体を色鉛筆で着彩すること。	①容器を使って色水遊びを楽しんでいる様子を描くこと。②園庭の色水遊びの様子が分かるように描くこと。③子ども3名以上、保育士1名以上を描くこと。④枠内全体を色鉛筆で着彩すること。	①フィンガー・ペインティングで楽しく遊んでいる様子を描くこと。②園庭での準備の様子がわかるように表現すること。③子ども3名以上、保育士1名以上を描くこと。④枠内全体を色鉛筆で着彩すること。	①【事例】に書かれている保育の様子がわかるように描くこと。②子ども3名以上、保育士1名以上を描くこと。③枠内全体を色鉛筆で着彩すること。	
言語技術		「ももたろう」		「ももたろう」		
		「3びきのこぶた」		「3びきのこぶた」		
		「おおきなかぶ」		「おおきなかぶ」		
		「3びきのやぎのがらがらどん」		「3びきのやぎのがらがらどん」		

	令和 5（2023)年		令和 6（2024)年
	前期	後期	前期
	「幸せなら手をたたこう」		「夕焼け小焼け」
	「やぎさんゆうびん」		「いるかはザンブラコ」
	S保育所の4歳児クラスの子どもたちは、雨の日の園庭で傘をさしたり、長靴やレインウェアを身に付けたりして遊んでいます。保育士は、水たまりで遊ぶ子どもや、空き容器に雨水を溜めたり、雨音を聴いたりする子どもをそばで見守りながら遊びに加わっています。	N保育所の2歳児クラスの子どもたちが、保育室の床の上に広げられた模造紙に、クレヨンで自由に線を描いたり色を塗ったりしています。保育士は、そばで子どもたちのつぶやきを聴きながら見守っています。	試験当日提示
	①【事例】に書かれている保育の様子がわかるように描くこと。②子ども3名以上、保育士1名以上を描くこと。③枠内全体を色鉛筆で着彩すること。	①【事例】に書かれている保育の様子がわかるように描くこと。②子ども3名以上、保育士1名以上を描くこと。③枠内全体を色鉛筆で着彩すること。	試験当日提示
	「ももたろう」		「ももたろう」
	「3びきのこぶた」		「おむすびころりん」
	「おおきなかぶ」		「3びきのこぶた」
	「3びきのやぎのがらがらどん」		「3びきのやぎのがらがらどん」

音楽技術 近年の傾向

2曲の課題曲のうち、1曲は比較的ゆったりとした美しい旋律の童謡、もう1曲はリズミカルな楽しい曲調の童謡が課題に選ばれている傾向があります。また、そのうち1曲は昔からよく知られている曲という傾向もあります。

造形技術 近年の傾向

事例や条件が細かく指定されていることも多く、「園庭」か「保育室」どちらかを選べるなどの場合もあります。問題文は、読み落とさないようにしっかり確認することが大切です。また、遊びや活動の内容だけでなく、道具や素材を分かりやすく描くことも条件として挙げられています。

言語技術 近年の傾向

令和2年度から5年前期までは同様の課題でしたが、令和6年度は「おおきなかぶ」が「おむすびころりん」に変更になりました。令和2年度から、対象の3歳児の子どもが20人から15人と減り、身振り手振りを加えてくださいという項目が加えられています。

実技試験までのスケジュール例

自己採点で、筆記合格が見えたら、保育士試験受験申請の手引きをよく読み、それぞれで求められる力や、実技試験内容を確認し、申請時に選択した２分野の練習を始めましょう。

	約２ヶ月前 （筆記試験終了時期）	約１ヶ月前 （筆記試験合格時期）	１週間前	前日
音楽技術	• 楽譜を探す。 • 自分に合う楽譜が見つかったら早速ピアノ伴奏の練習や発声練習を始める。実技対策講座などのレッスンを受けてもよい。	• 歌とピアノを一緒に演奏する弾き歌いのスタイルで練習を始める。 • ピアノを両手で弾けるようになったら、録音などをして聴いてみる。	• 本番と同じように２曲続けて、間違えても止まらない練習をする。 • 模擬試験などを受験してもよい。	• 爪チェック。 • 楽譜チェック。 • 当日履く靴でペダルを踏む足に力が入るかどうかチェック（ペダルを使う人）。
造形技術	• 求められる絵を確認し、人物の表情や顔の向き、大人と子どもの頭身などを意識して描き始める。 • テーマの中心となる『人物』に、不自然さがないように練習する。 • 保育のいろいろな場面を知る。	• たくさんの事例を体験し、時間短縮のコツ（いろいろなテーマに使える背景や配色をあらかじめ決めておくなど）を身につける。 • 絵に苦手意識のある人は、ここでたくさん練習して自信をつける。	• 練習を繰り返し、時間内（45分）に終わらせることを意識し、表現を楽しむ。	• 色鉛筆の色選び、削り方チェック。 • 時計チェック。 • 使用する人は、タオル、鉛筆立てチェック。 • 練習したことに自信をもつ。
言語技術	• 四つの課題のお話の内容や表現方法の違いなどを知り、自分に合ったものを一つ選ぶ。 • 台本を作成し、自分の話すスピードで３分に合うように調節し、話し方のポイントを確認する。	• ポイントをおさえて練習をする。 • 暗誦したお話を人前で演じたり、ビデオに撮ったりし、表情や話し方、速度、身振り手振りは適切か、など、客観的な目で、仕上がりを確認する。	• 試験で求められている技術、表現力のポイントを最終確認し、自信をもって話せるようにする。	• 『３分』という時間にばかり気をとられず、自信をもって演じられているか最終チェックをする。
共通	体調管理に気をつけ、風邪や感染症の症状がある、または体調不良の場合は受験を控える。			

受験当日の全体の流れ

当日の流れをイメージして、落ち着いて試験を受けられるようにすると安心です。
※当日の流れは会場によって異なることがあります。

①ガイダンスの教室に向かう

試験会場に到着したら、まずガイダンスの教室に向かいます。移動の多い会場や、トイレが混雑する会場もあります。早めに到着して、会場の様子を確認するようにしましょう。

②ガイダンス開始

保育士試験全体のガイダンスが始まります。机に書類が置かれているので、自分の受験する試験の場所と開始時間を確認します。

③ガイダンス終了

各自のスケジュールや、指定された試験室をしっかりと確認しましょう。

試験会場には時間に余裕をもって到着するように。

④試験の流れ

＜造形に関する技術＞
試験は一斉に開始されます。ガイダンス終了後は、各試験室の指定座席にすみやかに着席しましょう。（10分前から試験の説明開始）

＜音楽に関する技術・言語に関する技術＞
各自の試験開始時間の20分前には指定された待機室で待機します。試験開始およそ5〜15分前に試験室前へ呼出しがあり、誘導されます。
※試験開始時間は目安であり前後することもある。
※音楽のギター、アコーディオンで受験する場合は入室後すぐに演奏できるように準備しておくこと。チューニングが必要な場合はスタッフに申し出て事前に済ませておく。

音楽技術・言語技術の試験は、開始の20分前までには待機室にいるように。

9

受験当日の持ち物・服装例

受験当日の持ち物や、あると便利な物を紹介します。また、試験にふさわしい服装も確認しておきましょう。

《持ち物》

○基本の持ち物…………受験票・筆記用具・腕時計・マスク・財布・ハンカチ・ティッシュ・
　　　　　　　　　　　　上履き(必要な場合のみ)

○試験分野別持ち物……【音楽】楽譜・持参する楽器(必要な場合)
　　　　　　　　　　　　【言語】練習用の台本
　　　　　　　　　　　　【造形】HB～2Bの鉛筆またはシャープペン・色鉛筆(12～24色)・消し
　　　　　　　　　　　　ゴム・鉛筆削り・腕時計(置時計不可)・色鉛筆の下に敷くタオルもし
　　　　　　　　　　　　くは、ペン立て

○あると便利な物………待ち時間に読める本など・ラインマーカー・替えのマスク・のど飴・
　　　　　　　　　　　　自分の台本や歌の録音を聞くプレーヤー・耳栓

○暑さ・寒さ対策………【暑さ対策】帽子・日傘(外で待つこともあるので便利)
　　　　　　　　　　　　【寒さ対策】手袋・カイロ・カーディガン・ひざ掛け(造形技術では、
　　　　　　　　　　　　イラストなどが描かれたものは使用不可)

《服　装》

就職試験のようなスーツ姿である必要はないですが、面接型の試験でもあるので、普段よりきれいめな服装を選びましょう。子どもと触れ合う保育士をイメージして、髪はゴムなどの柔らかい素材のもので束ねましょう。アクセサリーもつけない方がよいでしょう。

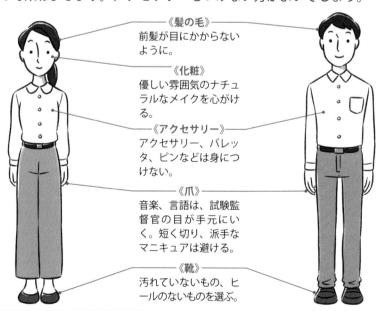

《髪の毛》
前髪が目にかからないように。

《化粧》
優しい雰囲気のナチュラルなメイクを心がける。

《アクセサリー》
アクセサリー、バレッタ、ピンなどは身につけない。

《爪》
音楽、言語は、試験監督官の目が手元にいく。短く切り、派手なマニキュアは避ける。

《靴》
汚れていないもの、ヒールのないものを選ぶ。

◆女性の服装例◆
チノパンやワイドパンツ、短すぎないスカートやワンピース。ブラウス、カットソー、カーディガンなどのきれいめなカジュアル。

◆男性の服装例◆
チノパンにシャツやポロシャツ、Vネックセーターなどのきれいめなカジュアル。

1章 音楽に関する技術

幼児に歌って聴かせることを想定して、
課題曲の弾き歌いをします。
保育士として必要な歌、伴奏の技術、リズムなどの
総合的に豊かな表現ができる力が求められます。

どんな譜面台でも倒れたりめくれたりしないように、楽譜は必ず厚紙などの台紙に貼って持参しましょう。

演奏中の目線は正面もしくはやや上を向いて。そうすることで、声が前に届くようになります。

普段キーボードで練習している場合、試験会場のピアノの鍵盤の重さや音量の大きさに戸惑うことがあります。公共施設や民間の練習室を利用して、必ず一度は事前にアコースティックピアノで練習しておきましょう。

マスクの着用は、会場や試験監督官の指示に従いましょう。

受験当日、焦らずに落ち着いて受験できるよう、
試験の流れや会場のイメージをしておくとよいでしょう。

※試験の流れや試験会場のイメージイラストは一例です。会場によって違いがあります。

ピアノの椅子は前に使っていた受験者によっては高さがかなり違うことがあります。必ず自分の演奏しやすい高さに調節してから演奏を始めましょう。（→P.14「椅子の高さの調節」参考）

①入室する

ノックをし、「失礼します」と挨拶をして入室をする。試験監督官の指示に従い、荷物置き場に荷物を置く。

②受験票のシールを試験監督官に渡す

2枚の受験番号シールを2人の試験監督官に1枚ずつ渡し、その場で受験番号と名前を言う。

③演奏の準備をする

楽譜を譜面台に置いたり、椅子の位置や高さを調節したりする。ピアノに慣れていない人は、中央の「ド」（ピアノの鍵盤の真ん中）や弾き始めの鍵盤の位置を確認する。

④演奏する

頭の中で歌の部分のテンポをしっかり確認してから弾き始める。曲順は特に指示がなければ手引きに記載されている順番で演奏する。1曲目が終わったら、2曲目の歌の部分のテンポや弾き始めの鍵盤の位置をしっかり確認してから弾き始める。

- 途中で間違えても、中断したり、最初から弾き直したりせず、なるべくそのまま演奏した方がよい。

⑤退室する

「ありがとうございました」と挨拶をして退室する。

※音楽技術の試験時間はとても短いので、「緊張して訳のわからないうちに終わってしまった」「頭が真っ白になった」という話をよく聞きます。椅子の調節に時間がかかったりしても焦らずに、自分の気持ちが落ち着いた状態になり、演奏の準備がきちんとできたことを確認してから演奏を始めるようにしましょう。

弾き歌いを始める前に必ずチェック！

椅子の高さの調節

　練習の成果をしっかり発揮できるよう、椅子は必ず自分の一番弾きやすい高さに調節してから演奏を始めましょう。調節をしたことがない人は必ず事前に練習室などで調節の仕方と弾きやすい高さを確認しておきましょう。ピアノの椅子は背もたれのあるものとないものの2種類があります。

背もたれのないタイプの椅子

　左右のハンドルを前にクルクル回すと高くなる。後ろに回すと低くなる（椅子のメーカーや設置によって逆の場合もある）。

背もたれのあるタイプの椅子

　椅子の後ろにあるストッパーを右（メーカーにより左の場合もある）に動かしロックを外すとレバーを上下させることができる。高さが決まったらストッパーを元の位置に戻しロックする。

弾き歌いの姿勢

ピアノの場合

- 椅子には浅く座る。
- 背筋はしっかり伸び、肘の高さは鍵盤と同じか、鍵盤よりやや上くらいに。
- 前かがみになったり、首が前に出たりしないように。
- 後ろにのけぞって、肘が伸びてしまわないように。

ギターの場合

- 足は組んでも組まなくてもよい。
- ギターの弾き歌いは下を向きがちだが、声が前に届くように顔を正面に向けてなるべく背筋をまっすぐ伸ばす。
- ネックを見るためにギターを斜めに持たない。
- 手首を痛めないように、手首の角度に注意する。

合格ライン"30点"を確実にするために!

合格ラインの点数である30点をとるために、最低限おさえておきたい試験のポイントや、試験に向けての準備を確認しておきましょう。

最重要ポイント

- 大きな声で歌っている。
- 止まらずに最後まで演奏する。(歌詞や伴奏を多少間違えても止まらずに演奏を続ける)

OKポイント

- 最初から最後まで安定したテンポで演奏できている。
- メロディやリズム、コードが手引きに記載されている通りに演奏できている。
- 保育現場で子どもたちと楽しく弾き歌いすることを想定して演奏している。
- 入退室や演奏等、一連の動作が保育士あるいは社会人としてふさわしい振る舞いである。

ピアノの出来、不出来より、合否のポイントは歌!

NGポイント

- 表情が暗い。
- 歌う声が小さい。
- 演奏が途中から速くなったり遅くなったりする。
- 間違うたびに止まってやり直す。
- 童謡のイメージからかけ離れたアレンジをして演奏している。(ジャズ風のコードや技巧的なアレンジは求められていない)
- 汚れた靴でペダルを踏むなど、清潔感のない服装をしている。
- ピアノを弾く前の試し弾き(ジャラーンと音を出すなど)は厳禁。
- ピアノの左手の音が、右手の音より大きい。
- 全体を通して、歌か伴奏のどちらかだけを行う。
- 歌と同じ単旋律のみを弾きながら歌う。

小さな声や暗い表情はNG。

楽譜・伴奏の選び方

試験に向けて楽譜や伴奏選びは重要です。どのように楽譜や伴奏を決めて練習を進めるのかポイントを確認しましょう。

楽譜の選び方

自分の声域に合った楽譜を選ぶのがポイントです。選択した楽譜が自分の声域より高かったり低かったりすると声がよく出なかったり、音程が外れる原因になるので慎重に選びましょう。

ピアノが得意でない受験生の中には黒鍵がないという理由で、ハ長調の楽譜にこだわる方がいますが、黒鍵が少ない調であれば2ヶ月の練習期間で充分弾きこなすことが可能なのでチャレンジしてみてもよいでしょう。

伴奏の決め方

難しい伴奏を完璧に弾きこなしたからといって高得点が得られるとは限りません。また、伴奏に不安があると、歌に集中できません。自分の実力よりもやさしい伴奏を選びましょう。

「右手は必ずメロディを弾かなければいけませんか？」とよく質問されますが、メロディが難しくて音程がはずれそうな時や、和音だけの伴奏だと途中でどこを弾いているのかわからなくなりそうで不安な方はメロディを弾いたほうがよいでしょう。

ピアノの練習方法

ピアノ（楽器）が苦手な方は、なるべく早く練習を始めましょう。最初は片手ずつゆっくりと間違えなくなるまで練習します。つかえてしまうところ、遅くなってしまうところは特に繰り返し何度も練習しましょう。

どうしてもつかえてしまう場合は、運指（指使い）が原因かもしれません。楽譜に記載されている指番号は、どの運指が弾きやすいか熟考して決められたものです。自己流の運指で覚えてしまう前に、楽譜の指番号も参考にしてみましょう。

ある程度両手で弾けるようになったら、毎回必ず歌も一緒に歌うようにしましょう。ピアノばかり猛練習して、本番でつい歌を歌うのを忘れないためです。

また、安定したテンポで演奏できているか、メトロノームを使って確認しましょう。（スマートフォンにメトロノームのアプリをダウンロードして使用する方法もあります）

練習楽器の選び方（ピアノの場合）

練習ではキーボードや電子ピアノで充分ですが、グランドピアノやアップライトピアノの鍵盤の重さはかなり異なります。公共施設や民間の練習室などで、必ず事前にアコースティックピアノで練習をしておきましょう。試験を受ける会場に近い形で練習するのが理想的です。

歌の歌い忘れ、なんてことがないように。

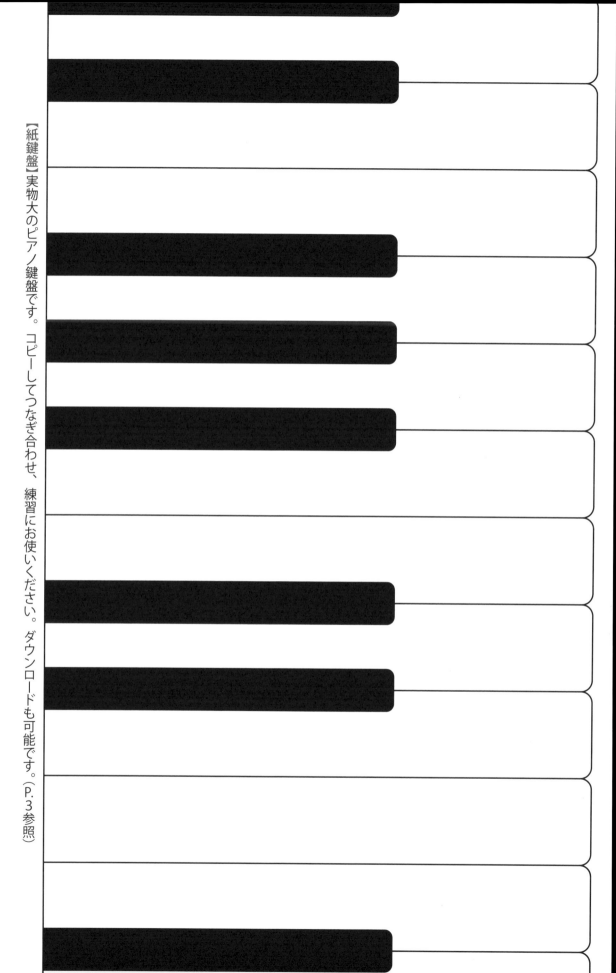

【紙鍵盤】実物大のピアノ鍵盤です。コピーしてつなぎ合わせ、練習にお使いください。ダウンロードも可能です。（P.3参照）

歌の練習のための発声方法

課題曲を歌う前に、少しでもよいので必ず発声練習をしましょう。
保育士は声を酷使する職業のひとつです。普段から全身の筋肉を使って体から声を出す発声練習の習慣を身につけておきましょう。

発声方法

ステップ❶
よい声が出るよう、まずはストレッチなどで全身（特に首や肩の付近）をほぐし、心身の緊張を取っておく。

ステップ❷
肩幅に足を開いて背筋を伸ばす。その際におしりと足のつま先に力を入れると、姿勢が保ちやすくなり下半身も安定する。

ステップ❸
喉を開いて声の通り道を広げる。あくびをしたり、「ガーッ」「グァーッ」などいびきをかくように大きな音を立てて息を吸ってみると、喉の奥が開く感じをつかめる。

ステップ❹
「お腹に息を入れて膨らます⇔息を吐いて凹ます」を繰り返す。このとき肩が上がらないように気を付ける。

ステップ❺
お腹に息がたくさん入った状態で声を出してみる。呼吸の練習のときは息を吐くときにお腹が凹んでもよいが、声を出すときは、お腹に力を入れて凹まないようにする。大きく膨らんだウエストを保ちながら、できるだけ遠くに声を届けるような気持ちで「アー」と発声してみる。

ア　　　ー

声の大きさを変えないように。最初は長く伸ばせなくてもよいので、少しずつ長く伸ばせるようにしましょう。

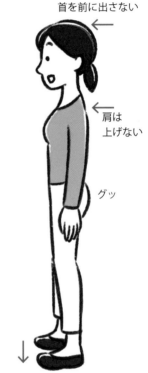

首を前に出さない

肩は上げない

グッ

おしりと足のつま先に力を入れ、肩は上がらないように。

アー

喉を開き、できるだけ遠くに声を届けるつもりで。

うまく声が出ない、高い声が出ないときは……

喉や肩に力が入っていると思うように声が出ません。体の力は全て下半身に集中させて、その上にリラックスした上半身が乗っているイメージで歌ってみましょう。
声が出にくい原因としては、他に以下のことも考えられます。

原因①…姿勢が悪い

【解決法】首が前に出ていたり、猫背になっていると声が出づらいので、もう一度、姿勢のチェックをしてから声を出してみましょう。

原因②…腹式呼吸ができていない

【解決法】腹式呼吸がうまくできているかどうか不安なときには、足先を外側に向け、ガニ股の状態になり、中腰の体勢で腹式呼吸を繰り返してみてください。

原因③…腹筋が使えていない

【解決法】歩いたり、小走り、足踏みをするなどしながら歌ってみましょう。人の体は運動時に体を支えるため、腹筋が大きな役割を果たしています。その動きをしているときに歌うと、腹筋を使った声を疑似体験することができます。

フー

↓腰を落とす
足先を外側に

調子の悪いときは中腰の姿勢で呼吸をしたり、歌ってみたりしましょう。

> **重心を下げると、安定して歌える**
>
> 座って行う弾き歌いは、慣れていないと立って歌うことよりも声が出しづらく感じます。歌と楽器の同時進行で普段よりも緊張して腕や肩に力が入ってしまったり、重心が上がりやすいためです。弾き歌いをするときは、椅子に浅く腰かけて背筋を伸ばし、椅子に全体重を乗せるように意識して演奏してみましょう。

効果的な発声練習でウォーミングアップ！

【リップロール】
口や喉の緊張を取る発声練習です。
① 口を軽く閉じて息を吐きながら、唇を「プルプル」と振動させる。できるだけ長く行う。
② 節をつけて行う。
③ 課題曲のメロディで行う。

※両頬を人差し指で軽く持ち上げると振動させやすくなります。息を強く吐きすぎないように注意。

Prrrr

【ハミング】
口を閉じ、鼻に響かせて歌う方法です。
① 口を閉じて鼻から息を吸い、口の中を広くする。
② 鼻の奥に響かせるイメージで「ンー」と歌う。
③ 鼻根を触って振動が感じられたらOK。

「課題曲」弾き歌い参考楽譜

練習用楽譜（弾き歌いアドバイス入り）

「夕焼け小焼け」
（ハ長調　基本編）

作詞　中村 雨紅
作曲　草川 信
編曲　原木 美有紀

20

本番用楽譜

「夕焼け小焼け」
（ハ長調　基本編）

作詞　中村 雨紅
作曲　草川 信
編曲　原木 美有紀

<ADVICE>

●多くの人に親しまれている名曲です。美しい旋律を、流れるように大きなスケールで歌いあげましょう。

21

「課題曲」弾き歌い参考楽譜

作詞　中村 雨紅
作曲　草川 信
編曲　原木 美有紀

練習用楽譜（弾き歌いアドバイス入り）

「夕焼け小焼け」
（ハ長調　アレンジ編）

両手とも運指に注意して流れるように美しく演奏する

前奏と歌いだしのテンポが変わらないように注意

はっきりと発音する

後半に向けて盛り上げる

歌うようになめらかに

最も大きく演奏する部分。お腹で支えながら語りかけるように歌う

母音の「お」で大きく歌う

和音が大きくなり過ぎないように注意する

歌・両手同時に演奏を終える

促音（つまる音）をしっかり発音する

左手が使う鍵盤　　右手が使う鍵盤

ファソ　ドレミファソラシドレ　ソラ　ドレ

ドレミ

中央の「ド」

↓：最初におさえる音

左手　右手

本番用楽譜

「夕焼け小焼け」
（ハ長調　アレンジ編）

作詞　中村 雨紅
作曲　草川 信
編曲　原木 美有紀

<ADVICE>

●左手の伴奏がなめらかに美しく演奏できるように、運指番号の
通りに弾けるよう何度も練習しましょう。

「課題曲」弾き歌い参考楽譜

練習用楽譜（弾き歌いアドバイス入り）

「いるかはザンブラコ」
（ト長調　基本編）

作詞　東　龍男
作曲　若松　正司
編曲　原木　美有紀

24

本番用楽譜

「いるかはザンブラコ」
（ト長調　基本編）

作詞　東 龍男
作曲　若松 正司
編曲　原木 美有紀

1章 ● 音楽技術

<ADVICE>

● ピアノの伴奏は、初心者の方でもやさしく演奏できるようにシンプルなアレンジにしてあるので、メロディを明るく元気に歌ってこの楽曲のリズミカルな楽しさを表現しましょう。

練習用楽譜（弾き歌いアドバイス入り）

「いるかはザンブラコ」
（ト長調　アレンジ編）

作詞　東 龍男
作曲　若松 正司
編曲　原木 美有紀

本番用楽譜

「いるかはザンブラコ」
（ト長調　アレンジ編）

作詞　東 龍男
作曲　若松 正司
編曲　原木 美有紀

1章 ● 音楽技術

<ADVICE>

● 3拍子のリズムに乗って軽やかに楽しく歌いましょう。

● メロディの前にある休符を意識して、いるかが活き活きと泳ぐ
　姿を表現しましょう。

● 伴奏は、左手の和音が大きくなり過ぎないよう、バランスに注
　意して演奏しましょう。

Q&Aと先輩受験者の声

Q 前奏は必要ですか？

A 前奏は曲全体の雰囲気やイメージ、テンポを伝えたり、歌をこれから歌う子どもたちの気分を盛り上げたりするためにあるので、できれば弾きましょう。前奏の間に呼吸を整えて、自分を落ち着かせることもできます。

Q ペダルは使ったほうがよいのでしょうか？

A あまりペダルに慣れていなくて、音が濁ってしまうのなら使わないほうがよいでしょう。合否には関係ありません。

Q 緊張しやすいので間違えて弾くのでは、と心配です。

A 試験なので緊張するのは仕方のないことです。練習が充分にできなかったり、必ずつかえてしまう箇所があると、心配で余計にあがってしまうということもあります。不安な人は、早目に練習に取りかかりましょう。模擬試験を受けたり、家族や友人に聴いてもらったりして、人前で演奏する機会を設けるのもよいですね。

Q ピアノが苦手で、弾き歌いの時はテンポがかなり遅くなってしまいます。

A 試験では、テンポよりも正確さ・丁寧さが優先されます。まずは速度を落として、ゆっくり弾いて曲に慣れることが大切です。練習を重ねて音を間違えずに演奏できるようになったら、曲のイメージに近いテンポで演奏してみましょう。

先輩受験者の声

■ 普段キーボードで練習していたので、当日ピアノの音の大きさにびっくりしました。とにかく歌がピアノの音に消されないように大きな声で必死に歌いました。

■ 2曲とも一番だけなので、あっという間に試験が終わってしまいました。

■ ギターは、試験官の目の前と言っていいほど距離が近かったので弾きづらかったです。

■ 試験会場の前で待機しているときに、受験者の演奏がみんな自分より上手に聞こえて不安になりましたが、深呼吸をして普段の練習通りに演奏することに集中しました。

■ 待ち時間が長かったので、友人と雑談したり食事をしたりしていましたが、自分の順番が来たときには疲れてしまいました。待ち時間の過ごし方を工夫すればよかったです。

2章

言語に関する技術

3歳児クラスの子どもに「3分間のお話」をすることを
想定して、課題の中から一つお話を選択し、
子どもが集中して聴けるようなお話を行います。
保育士として必要な基本的な声の出し方、表現上の技術、
幼児に対する話し方ができることが求められます。

①事前説明を受ける

試験会場の待機室から誘導され、試験会場前にある椅子に移動。このとき、担当者から試験に関する説明がある。

②入室する

ノックをし、「失礼します」と挨拶をして入室し、荷物置場に荷物を置く。

③受験票や着席の指示を受ける

２枚ある受験票のシールをはがし、はがした後の受験票を鞄にしまってから、２人の試験監督官に1枚ずつ渡す。その後、椅子まで移動し、名前を言う。

④試験開始の説明を受ける

「準備はいいですか？」「合図のタイマーが鳴ったらはじめてください」など説明を受ける。タイムキーパーの合図により、開始。

⑤試験開始

試験開始のタイマー音を聞いたら、子どもたち（に見立てた椅子）に向けて**題名を言って**からお話を始める。（※お話は、立って行っても座って行ってもよい）

⑥試験終了

３分が経ち、ベルが鳴ったところで試験終了。
- ベルの前にお話が終わった場合……
  ベルが鳴るまで着席して待つ。
- お話の途中でベルが鳴った場合……
  ベルが鳴った時点でお話をやめる。

⑦退室する

「ありがとうございました」と挨拶して退室。

受験当日、焦らずに落ち着いて受験できるよう、
試験の流れや会場のイメージをしておくとよいでしょう。

※試験の流れや試験会場のイメージイラストは一例です。会場によって違いがあります。

＜試験前の流れ＞

●待機室に試験開始20分前までに入室する。係の人が呼びに来るので、指示に従って移動をする。

●試験会場の外の椅子に座って5名ほど待機する。受験票と顔写真で本人確認をする係がいる。

合格ライン"30点"を確実にするために!

合格ラインの点数である30点をとるために、最低限おさえておきたい試験のポイントや、試験に向けての準備を確認しておきましょう。

OKポイント

- 台本のあらすじに、スムーズに伝わるような工夫がみられる。
- お話を、自分のものにして生き生きと話す。
- 空間に合った声の大きさで話す。
- お話の内容によって表情を変え、かんたんな身振り手振りを入れる。
- 子どもたちをゆっくりと見渡しながら話す。
- 笑顔を意識し、口角を上げ、優しいイメージで落ち着いて話す。
- 間違っても焦らず、すぐ気を持ち直してお話を続ける。
- ノックして入室するときや、シールを渡すとき、試験監督官の目を見る。
- 退室の最後の挨拶まで、優しい雰囲気を意識する。

試験ではお話だけでなく、清潔感のある服装や、爪などを心がけ、「こんな先生に教わりたい」と思われるような雰囲気にすることも大事!

NGポイント

- 自信がなさそうで、表情が硬い。
- 話しながら眉間にしわが寄っている。
- 声が小さい。または、大きい。
- 子どもを見渡すとき、左右に首を何度も早く動かす。
- 身振り手振り、声の出し方などが、大げさである。
- うれしい場面でも、淡々と話している。
- 入室時、無表情で、試験官と目を合わせない。
- 終わった安堵で、挨拶をせず、すぐに退室する。

試験に向けて

試験に向けてどのようにして練習を進めていくか、流れやそのポイントをおさえておきましょう。

1．好きなお話を選ぶ

課題の4冊の絵本を読みます。同じ題名でも、内容の少し違ったものが、複数出版されているお話もあるので、いろいろ読んでみましょう。それがアレンジのヒントになるかもしれません。課題のお話に目を通し、自分の好きな、もしくは話しやすそうなお話を選びます。（P.36~37「あらすじとアレンジのポイント」参照）

2．3分間にアレンジをする

対象年齢に合った言葉や内容を意識した、自分だけのお話を作ってみましょう。（P.35「お話のアレンジについて」参照）自分がお話の中で一番大切にしたいこと（例：リズミカルにしたい、お話のこの部分を中心にしたいなど）を考えながら、まとめます。そして、実際に話してみて、3分間でおさまるように、台本の一部を削ったり増やしたりして整えます。

3．お話を暗誦する

お話の場面をイメージしながら、暗誦していきます。はじめは一字一句間違えないことよりも、流れを捉えることが大切です。その後、話し方のポイント（P.34「話し方のポイントを意識する」参照）を確認し、しっかりと暗誦していきます。試験で求められる力（保育士として必要な基本的な声の出し方・表現上の技術・幼児に対する話し方）を意識しながら、何度も練習をしてしっかりと覚えましょう。

※イラストはお話のイメージです。

4．話し方のポイントを意識する

下記のポイントを意識しながら練習をするようにしましょう。

◆**話し方のポイント**

◎明るい表情で。（眉間のしわに注意、口角
　を上げること）
◎場面が変わるときは、間をあけてメリハリ
　をつける。
◎演劇のような大げさな表現は避ける。
◎子どもたちへの目線の気配りをする。
◎適切な身振り手振りを行う。
◎心を込めて明るく話す。
◎自分の言葉で、子どもたちに向かって話す。
◎絵がなくても、聴き手にお話がスムーズに
　入っていくように話す。

5．客観的な目線でチェックする

幼児や家族、周りの人にお話を聴いてもらう
機会があるとよいでしょう。人前で話す経験
はとてもよい練習になります。どんな話し方
をすれば、聴き手が楽しそうになるかなどを
知ると、お話の仕方も変わります。また、自
身のお話をしている映像を撮り、客観的な目
線でチェックすることも大切です。その中で
話し方のポイントがおさえられているかを確
認しましょう。

 **素話とは**

絵本や小道具を一切使用せず、自分の声で、お話を
語り聴かせることです。語り手の声だけで、子ども
たちがお話をイメージして、楽しむものです。大げ
さな身振りや声色で聴かせるのではなく、温かい感
じのする語り聴かせであることが大切です。準備す
る物もないので、保育の現場でのすきま時間にも使
えます。

お話のアレンジについて

アレンジのポイントを知り、対象年齢に合った言葉や内容の、自分らしい3分間の
お話を作ってみましょう。

アレンジ台本の作成について

※イラストはお話のイメージです。

言語技術は、3分間でお話をすることが課題です。絵本
をそのまま読み聴かせると、5分以上かかるので、一般
的なあらすじは残したまま、語りの部分が多い箇所はセ
リフに置き換えたりするなど、短くする工夫が必要にな
ります。まず、お話全体で、必ず残したい部分や、膨ら
ませたい部分を決めます。また、3歳児に伝わりにくい
と感じる言葉をチェックし、必要であれば、代わりの言
葉を考えます。ストーリー展開の多いお話は長くなりが
ちなので、はじめはおよそ900字位の原稿用紙にまとめ、
そこから、長さを調節していくのも、ひとつの方法です。
文字数は、人によってもお話の内容によっても変わって
くるので特に決まりはありません。

読み上げたり、暗誦したりするなかで、内容も増減させ
ていくとよいでしょう。話すスピードは合格の範囲内で
も個性によって異なります。自分に合った3分に整えま
しょう。また、絵や道具がなくても、素話だけで伝わる
ようなアレンジになっているかもチェックしましょう。

◆アレンジのポイント

◎説明文のようなお話にならないようにする。

◎長い語りの部分は、セリフに置き換えて短くする。

◎子どもになじみのない言葉はわかりやすい言葉に換え
　る。

◎ストーリーの展開の時間配分を考え、お話の山場をつ
　くり、最後はまとまるように構成する。

◎聴いていて楽しいお話になるように工夫する。

◎子どもの喜ぶ、繰り返しやリズミカルな表現を取り入
　れる。

◎擬音語（「ころころ」「どんどん」など）や、擬声語（「わ
　んわん」「こけこっこー」など）を取り入れる。

◎できあがった台本も、自分の3分を意識し、大切な部
　分は残しながら微調整する。

お話別 あらすじとアレンジのポイント

『ももたろう』

◉お話の特徴
桃が流れてくるところから、成長したももたろうがお供を連れて鬼退治するところまで、たくさんの場面が繰り広げられます。

◉あらすじ
おばあさんが川で洗濯をしていたら、大きな桃が流れてきました。その桃から、ももたろうが生まれ、青年になって鬼退治に出かけます。道中、犬、さる、キジにきびだんごをあげて仲間にし、見事に鬼をやっつけます。

◉アレンジのポイント
このお話は、盛り上がりの場面展開がいくつかあります。桃を拾ってくる場面や、犬、さる、キジとのきびだんごのやりとりの場面や鬼ヶ島の場面など、どの場面を印象づけたいかによって、構成の違いが出てきます。それぞれの場面のボリュームを工夫して3分にまとめましょう。ときどき、「ワンワン、キャッキャッ、ケーンケーン」などの擬声語も入れると盛り上がります。

→アレンジ例 P.38・P.40

『おむすびころりん』

◉お話の特徴
「おむすびころりん　すっとんとん」などのリズミカルな繰り返しが子どもの心をひきつけます。

◉あらすじ
おじいさんがおむすびをころんと穴に落としたら、穴の中にはねずみの国が広がっていました。おじいさんは楽しい時間を過ごします。帰りにねずみがおみやげをくれました。欲張らないで小さいつづらをもらったら、大判小判がたくさん出てきました。

◉アレンジのポイント
このお話では、正直じいさんと、よくばりじいさんが出てくるストーリーが有名ですが、場面が多いため、よくばりじいさんの部分を入れると、3分のお話として、まとめるのがむずかしくなります。よくばりじいさんの部分をカットすると、3分でもあわてずに話せるようになりますが、もちろん、よくばりじいさんの出てくる台本に挑戦してみるのもよいでしょう。リズミカルな言葉の繰り返しを大切にしてアレンジしましょう。

→アレンジ例 P.42・P.44

課題は、日本人におなじみの昔話や、外国のお話があります。それぞれの
特徴を知り、自分に合った1冊を選び、アレンジをして試験に臨みましょう。

『3びきのこぶた』

◉**お話の特徴**
子どもたちが、ハラハラしたり喜んだりと、場面展開を楽しめるお話です。

◉**あらすじ**
おかあさんに自分の家を建てなさいと言われた3びきのこぶた。大ぶたちゃんはわらの家、中ぶたちゃんは木の家、小ぶたちゃんはレンガの家を建てました。そこにおおかみがあらわれて、「フーッ」と一息！わらと木の家は壊されて、レンガの家だけは壊されません。

◉**アレンジのポイント**
このお話は、こぶたたちがお家を建てる場面や、最後におおかみがやっつけられる場面をうまく表現するのがポイントの一つです。最後はおおかみが、ぐらぐら沸かしたお湯の中に落ちて、あちちちち……と逃げていくのが一般的ですが、おおかみが殺されてしまう終わり方や、こぶたがおおかみを食べてしまう終わり方もあります。できれば、「死んでしまいました」という表現は避けたほうが無難でしょう。

→ アレンジ例 P.46・P.48

『3びきのやぎの　　　がらがらどん』

◉**お話の特徴**
3びきのがらがらどんと、トロルの掛け合いの繰り返しが楽しいお話です。

◉**あらすじ**
3びきのやぎがいました。小さいやぎ、中くらいのやぎ、大きいやぎ、名前はどれもがらがらどん。渡る橋の途中にきみのわるいトロルが住んでいます。3びきは、向こうの山のおいしい草をたくさん食べたいと思い、どうにか橋を渡ります。

◉**アレンジのポイント**
このお話は、橋でのトロルとがらがらどんの掛け合いが中心で、繰り返しも多いので、3分にまとめやすいお話です。絵本の中の独特な言い回しを、子どもたちにわかりやすい表現に変えてもよいでしょう。子どもたちが絵本の言い回しを楽しんで覚えているようでしたら、そのまま使ってお話するのもよいでしょう。

→ アレンジ例 P.50・P.52

2章 ● 言語技術

『ももたろう』アレンジ例❶

※場面が変わるときは、「間」を入れて、わかりやすく話しましょう。
※身振り手振り、演じ方やアレンジは、一例です。

　むかしむかし、あるところにおじいさんとおばあさんが住んでいました。

　おじいさんは山に木を切りに、おばあさんは川に洗濯をしに行きました。

　おばあさんが洗濯をしていると、遠くのほうから大きな桃が、どんぶらこっこ、どんぶらこっこと流れてきました。

演じ方ポイント!

手で大きな桃を作り、揺らしながらゆったりと。

　「これは大きな桃じゃ！　おじいさんにも見せてあげよう」

演じ方ポイント!

わくわくした感じで。

　そう言って、家に持ち帰りました。

　おじいさんが帰ってくると、
　「なんと、大きな桃じゃ！　これは楽しい！　切ってみよう！」

演じ方ポイント!

手で半分に切る身振りで、期待を込めた感じで。

　おじいさんは大きな桃を半分に切りました。
　すると、「オギャーオギャーオギャー」と、かわいい男の赤ちゃんが生まれました。
　「おおなんとかわいい男の子！　この子をももたろうと名付けよう！」

演じ方ポイント!

子どもたちを見回しながら元気よく。

　そう言って大切に育てました。

間をとる。

　ももたろうが大きくなったころ、村の人々が悪いことをする鬼に困っていました。

　強くて優しいももたろうは、
　「わたしが鬼ヶ島に鬼退治に行こう！」
と言いました。

演じ方ポイント!

腰に手をあててりりしく。

　それを聞いたおばあさんは、きびだんごを一生懸命作って、おじいさんと見送りました。

演じ方ポイント!

おだんごを丸める身振りで。

さて、ももたろうが歩いていると
「ワンワンワン、きびだんごひとつくださいな」
と犬がやってきました。
「これからわたしは鬼退治。ついてくるならあげましょう」
「ワンワン、お供します」

次に、
「キッキッキッ、きびだんごひとつくださいな」
とさるがやってきました。
「これからわたしは鬼退治。ついてくるならあげましょう」
「キッキッ、お供します」

次に、
「ケーンケーンケーン、きびだんごひとつくださいな」
とキジがやってきました。
「これからわたしは鬼退治。ついてくるならあげましょう」
「ケーンケーン、お供します」
ももたろうの後ろから犬とさるとキジがついてきました。

さて、鬼ヶ島につくと、
ももたろうを見つけた鬼たちが
おそいかかってきました。ももたろうは
「これ以上、村のみんなをいじめるな！ えいっ！ やあ！」
と、鬼を投げ飛ばしたのです。

「いててててて、もう村には行きません」
鬼は驚いて逃げて行きました。

家に帰ると、おじいさんとおばあさんはおおよろこびで
した。そして、村のみんなや、犬、さる、キジも、ずっと
しあわせに暮らしました。

おしまい。

演じ方ポイント!

腰に手をあててりりしく。さる、キジの場面でも同様に。

アレンジポイント!

きびだんごのやりとりは、繰り返しが楽しくなるように、擬声語を使用し、リズムよくまとめる。

演じ方ポイント!

鬼を抱えて投げる身振りで。

演じ方ポイント!

頭を押さえながら反省した様子で首を横に振る。

2章 ● 言語技術

『ももたろう』アレンジ例 ❷

※場面が変わるときは、「間」を入れて、わかりやすく話しましょう。
※身振り手振り、演じ方やアレンジは、一例です。

むかしあるところに、おじいさんとおばあさんがいました。
　ある日、おじいさんは山に木を切りに、おばあさんは川へ洗濯に行きました。
　おばあさんが川で洗濯をしていると……、大きな桃が、どんぶらこっこ、どんぶらこっこと流れてきました。

> **演じ方ポイント!**
> 手で大きな桃を作り、揺らしながらゆったりと。

「まあ、大きな桃だこと」
　おばあさんは驚いて、おじいさんに見せようと持って帰りました。

> **演じ方ポイント!**
> 目を見開き、驚いた口調で。

間をとる。

山から帰ってきたおじいさんは、
「こ、これは、なんと大きな桃じゃ！　半分に切ってみよう」
すると……、パカッ！
「おぎゃあーっ。おぎゃあーっ」
中から、あかちゃんが飛び出してきました。

> **演じ方ポイント!**
> 両手を顔まで上げて驚きながら。

> **演じ方ポイント!**
> 両手を使って桃が割れる身振りで。

> **演じ方ポイント!**
> あかちゃんの泣くようすを演じながら、子どもたちを見回す。

「なんとまあ元気な男の子じゃ。桃から生まれたから、"ももたろう" と名付けよう！」
　それからももたろうは、ぐんぐん大きくなって、とても立派になりました。

> **演じ方ポイント!**
> うれしそうに。

ある日、ももたろうは、おじいさんとおばあさんに言いました。
「鬼たちが、村で暴れています。鬼退治に行かせてください」
「ももたろうよ、立派になったのう！
　それでは、気をつけて行くんだよ」

> **演じ方ポイント!**
> うなずき、感心しながら。

さて、鬼退治に行く朝に、おばあさんは

「ももたろう、このきびだんごを持っておいき。力がいっぱいでるからね」
と、きびだんごを持たせてくれました。
「おじいさん、おばあさん、ありがとう。行ってきます」

演じ方ポイント！
きびだんごを差し出す身振りで。

演じ方ポイント！
頭を下げる。

　さて、ももたろうが歩いていると、
「ワンワンワン、きびだんご　ひとつくださいな」
と犬がやってきました。
　次に「キッキッキッ、きびだんご　ひとつくださいな」
とさるがやってきました。
　最後に「ケーンケーンケーン、きびだんご　ひとつくださいな」とキジもやってきました。
「わたしはこれから鬼退治に行きます。ついてくるならあげましょう」
　こうして、犬とさるとキジがももたろうの仲間になりました。

アレンジポイント！
後半の戦いの部分に焦点をあてるため、犬とさるとキジを3匹一緒に登場させた。

　ももたろうたちは船で鬼ヶ島につきました。
「わたしは日本一（にっぽんいち）のももたろう！　悪い鬼どもかくごしろー」

演じ方ポイント！
両手を腰に当てて、強そうに。

「エイッ！　ヤアッ！」
鬼たちをどんどんたおしていきます。

演じ方ポイント！
鬼を投げ飛ばす身振りで。

「ま、まいりました。もう悪いことはいたしません」
鬼は急いで逃げて行きました。
犬とさるとキジも大よろこびです。

演じ方ポイント！
頭を下げて反省している感じで。

　ももたろうが村に帰ると、みんなはお礼を言ってよろこびました。それからずっと、村のみんなは楽しくしあわせに暮らしました。

おしまい。

2章●言語技術

『おむすびころりん』アレンジ例❶

※演じ方やアレンジは一例です。大切なポイントをおさえて、自分らしくアレンジし、演じましょう。

むかしむかしのおはなしです。
　あるところに、仲の良いおじいさんとおばあさんが住んでいました。
　おじいさんは毎日山に木を切りに行きます。

アレンジポイント!
『芝刈りに→木を切りに』とわかりやすくアレンジ。

「はい、おじいさんのだいすきなおむすびですよ」
「ばあさんや、いつもたくさんありがとう」
　そう言って、山へ出かけて行きました。

演じ方ポイント!
場面がかわるときなので一呼吸おく。

一呼吸おく。

やがてお昼になったので、
「そろそろおいしいおむすびでも食べるかな」
と包みを開いたその途端、おむすびが地面に落ちてコロコロコロコロ。
「まてまてー！　おむすびー」
　おじいさんが追いかけると、その先にあった穴に、おむすびがコロン、おじいさんもコロンと、一緒に落ちてしまいました。

演じ方ポイント!
ゆったりと話す。

アレンジポイント!
よくばりじいさんが登場する場面も入れるので、おむすびが落ちて行くこの場面は短く。

演じ方ポイント!
慌てている感じで。

一呼吸おく。

演じ方ポイント!
場面がかわるときなので一呼吸おく。

するとそこにはねずみの国が広がっていました。ねずみたちがおもちをつきながら楽しそうに踊っています。
「ゆかいじゃ、ゆかいじゃ。それそれそれ！」
　おじいさんは、残りのおむすびを全部ねずみにあげて、一緒に楽しく踊りました。
「おじいさんおむすびありがとう。代わりにおみやげ、さあどうぞ」とおいしいおもちや大判小判の入っている宝箱をくれました。
「ねずみたちよ、楽しい時間をありがとう。おみやげまで本当にありがとう」

演じ方ポイント!
楽しそうに。

アレンジポイント!
小さいつづらと大きいつづらの部分は省略。

演じ方ポイント!
感激している感じで。

一呼吸おく。

場面がかわるときなので一呼
吸おく。

　うちに帰って、おばあさんに今日のはなしをしながら、
宝箱を開けていると、となりのよくばりじいさんがそれを
見ていました。
「なるほど！　私もおむすびを持って、宝物をたくさん
もらってこよう！」

演じ方ポイント!

意地悪そうに。

　そう言って、次の日山へ出かけました。
　よくばりじいさんは、穴の中にギューッとおむすびを詰
め込んで、
「はやく出てこいねずみたち。早くおみやげもってこい」
と言いながら、ゴロンゴロンと穴の中に入って行きました。

演じ方ポイント!

無理やり入っていく感じで。

一呼吸おく。

演じ方ポイント!

場面がかわるときなので一呼
吸おく。

　穴の中にはねずみの国が広がっていてねずみたちがおも
ちをたくさんついていました。
　よくばりじいさんは
「ようし、ねずみを追い払って、おもちや宝物を一人占
めしてやるぞー」
　そう言ってねずみのきらいなねこの声で
「にゃーー！！」
とおどかしました。

演じ方ポイント!

身振りを入れてもよい。

　そのとたん、まわりは真っ暗になって、よくばりじいさ
んはなにも見えなくなりました。
「おいおい、ねずみよ。どこいったー？」

演じ方ポイント!

何も見えない感じで。

一呼吸おく。

演じ方ポイント!

場面がかわるときなので一呼
吸おく。

　よくばりじいさんは、それからずっと穴の中。
　そのままもぐらになってしまったんだって。

演じ方ポイント!

最後は子どもたちに言い聞か
せるように。

おしまい。

『おむすびころりん』アレンジ例❷

※演じ方やアレンジは一例です。大切なポイントをおさえて、自分らしくアレンジし、演じましょう。

　昔々、やさしいおじいさんとおばあさんがいました。おじいさんは、おばあさんが作ってくれたおむすびを持って山に芝刈りに行きました。

　一呼吸おく。

演じ方ポイント！
場面がかわるときなので一呼吸おく。

　おじいさんは、山で一生懸命はたらいていると、おなかがすいてきました。
「よくはたらいたな。そろそろおばあさんのおむすびを食べるとするか」
　そう言って、おむすびを一口食べようとすると、ころころころっと地面の穴に、うっかり落としてしまいました。

演じ方ポイント！
ゆったりと。

すると……　間をとる。

演じ方ポイント！
間をとり、期待感を高める。

「おむすびころりんすっとんとん」
と、かわいい声が聞こえてきました。
　おじいさんがもう一つ落としてみると、
「おむすびころりんすっとんとん」
と、また聞こえてきました。

演じ方ポイント！
リズミカルに。

　穴をのぞいてみると、そこには小さなねずみがいました。あんまりかわいいので、もっと近づいてのぞいてみると、
「ころころころころすっとんとーん！」
と、おじいさんも穴に落ちてしまいました。

演じ方ポイント！
転がる感じをイメージできるように。

「おじいさんころりんすっとんとん。おむすびありがとすっとんとん」

アレンジポイント！
リズミカルな楽しさを出すように、ねずみのセリフはすべて音を大切にしている。

　そこではおじいさんのおむすびを食べながら、ねずみたちが楽しそうに歌ったり踊ったりしていました。
　おじいさんは、うれしくなって仲間に入ります。

演じ方ポイント！
リズミカルに。

「おむすびころりんすっとんとん。ゆかいだゆかいだすっとんとん」

「おむすびころりんすっとんとん。歌えや踊れやすっとんとん」

演じ方ポイント!
楽しそうに。

ごちそうもたくさん食べて、おじいさんは、大満足です。

一呼吸おく。

演じ方ポイント!
場面がかわるときなので一呼吸おく。

楽しい時間はあっという間にすぎてしまい、いつの間にか夕方になっていました。

「今日はとても楽しかったよ。ありがとう、さて、そろそろ帰るとするか」

演じ方ポイント!
間をとり、期待感を高める。

おじいさんが帰ろうとすると……　間をとる。

アレンジポイント!
ねずみのセリフは、フレーズの繰り返しでリズミカルに楽しく表現。

「おじいさんありがとすっとんとん。おみやげどうぞすっとんとん」

そう歌いながら、ねずみたちはおみやげを持たせてくれました。

アレンジポイント!
よくばりじいさんの部分をカットするので、「大きいつづら・小さいつづら」は出さず、おみやげに変更。

「楽しませてもらったのに、おみやげまで本当にありがとう」

演じ方ポイント!
うれしそうに。

おじいさんはお礼を言って、おばあさんのところに帰りました。

そして、今日の不思議な、楽しかったことを、おばあさんに話しながら、おみやげを開けてみると、そこにはたくさんの宝物が入っていました。

それから、おじいさんとおばあさんは、ずっと幸せに暮らしました。

演じ方ポイント!
最後のハッピーエンドは口角を上げて、明るく終える。

おしまい。

『3びきのこぶた』アレンジ例❶

※場面が変わるときは、「間」を入れて、わかりやすく話しましょう。
※身振り手振り、演じ方やアレンジは、一例です。

むかし、3びきのこぶたがいました。

ある日、おかあさんぶたが「もうみんな大きくなったのだから、今日からは自分たちで暮らしなさい」と言いました。

一番上のお兄さんぶたは、
「さっさか、さっさか、ほいさっさ、かんたん、かんたん、わらの家！」
あっという間にわらの家を作って、遊び始めました。

アレンジポイント！

3びきがそれぞれの家を建てるところにポイントをおいて、リズミカルに楽しく表現。

演じ方ポイント！

わらを乗せる身振りでリズミカルに。

二番目のお兄さんぶたは、
「ギコギコ、ギコギコ、トントントン、こんな感じでまあいいや！」
そう言いながら、簡単に木の家を作り、お兄さんぶたと遊び始めました。

演じ方ポイント！

音に合わせてのこぎりとトンカチを使う身振りでリズミカルに。

一番小さいおとうとぶたは、
「嵐が来ても壊れない、丈夫な家だ、うんとこしょ！よし、これならおおかみ来ても壊れないぞ！」
と、汗を流してレンガの家を作っています。

演じ方ポイント！

重そうなレンガを積む身振りで力をこめて。

お兄さんたちは、
「まだ、できないのかい？　のろまだなぁ。おおかみなんかこわくないよー」と笑っています。

演じ方ポイント！

馬鹿にするように。

それを、おおかみが木の陰からぎょろりとみつめていました。
「いひひ、うまそうなこぶただ！」

演じ方ポイント！

やや声をひそめて。

演じ方ポイント！

大げさすぎず、意地悪そうに。

そう言って、よだれを垂らしながら近づいて、
「ガオーッ！」

演じ方ポイント！

身振りはこわくなりすぎないように。

「ヒャー!!　おおかみが出たー!!　た、たすけてーっ!」

演じ方ポイント!
走って逃げる身振りで。

一番上のお兄さんは慌ててわらの家に逃げ込みました。
「ふんっ!　こんな家など俺さまの息でひと吹きだ!!
ブオーッ!」

アレンジポイント!
子どもたちが話に夢中になる
ように、少しハラハラした展
開にする。

「わー!　壊れちゃったよ!　たすけてー!!」
そう言って二番目のこぶたの木の家に逃げ込みました。

演じ方ポイント!
息を強く吹き込む身振りで。
2回目・3回目も同様に。

「いひひひ、今度は2ひきまとめて食っちまおう!
この家も俺さまの息でひと吹きだ!　ブオーッ!」
「わー!　また壊れちゃったよ!　たすけてーっ!」
2ひきは一番小さいこぶたの、レンガの家に逃げ込みま
した。

演じ方ポイント!
走って逃げる身振りで。

「いひひひ、今度は3びきまとめて食っちまおう!
レンガの家もおれさまの息でひと吹きだ!　ブオーッ!
あれ?　もう一度ブオーッ!　レンガの家はびくともしな
い!　よーし、それならえんとつから入ってやろう!」

演じ方ポイント!
首をかしげながら。

それを聞いた一番小さいこぶたは鍋にお湯をぐつぐつと
沸かしました。

「さあ、3びきまとめて食ってやる〜!」
勢いよくえんとつから滑り落ちたおおかみは、熱い鍋に
ボチャーン!!

演じ方ポイント!
肩くらいまで両手を挙げて。

「ひゃあっ!　あつつつ!　たすけてぇー!　ごめんな
さーい」
謝りながら、逃げて行きました。

演じ方ポイント!
熱い湯を振り払いながら。

おしまい。

『3びきのこぶた』アレンジ例❷

※場面が変わるときは、「間」を入れて、わかりやすく話しましょう。
※身振り手振り、演じ方やアレンジは、一例です。

むかしむかし、なかよしの3びきのこぶたの兄弟がいました。
ある日、おかあさんが言いました。

「あなたたちももう大きくなったから、自分で家をたてなさい」
そこで、こぶたたちは考えました。

アレンジポイント!
こぶたたちが自分で考えていることを表現する場面に。

「どんな家を作ろうかな……」

演じ方ポイント!
腕を組む身振りで考えている感じで。

「ぼくはわらの家を作るよ。だってかんたんだもん!」
一番上のこぶたは、わらをふさーっふさーっと積み上げてあっという間に家を作りました。

演じ方ポイント!
明るく、軽快に。

演じ方ポイント!
音に合わせて、わらを乗せる身振りで。

二番目のこぶたは、
「ぼくは木の家にしよう」と、
近くの木をあつめて、ギコギコギコトントントンと木の家を作りました。

演じ方ポイント!
音に合わせてのこぎりとトンカチを使う身振りで。

三番目のこぶたは、
「ぼくはレンガで丈夫な家を作りたいんだ」
重たいレンガを積み上げて、よいしょ。よいしょ。
と、朝から晩まで働いて、やっとレンガの家ができました。

演じ方ポイント!
重いレンガを下から上へ積み上げる身振りで。

こぶたたちの家ができたころ、はらぺこおおかみがやってきました。
「うまそうなこぶたたちだ。1ぴきずつ食べてやる」

演じ方ポイント!
ニヤリとしながら。

そう言って、おおかみは最初に、一番上のお兄さんぶた
のわらの家へ近づいて行きました。
「ふんふん、こぶたのいいにおい！　こんな家、吹き飛
ばしてやる！」
「ふうー！」
と、おもいっきり息を吹きかけました。
すると、わらの家は吹き飛んでしまいました。

「うわー！　おおかみだ！」
お兄さんぶたは、二番目のこぶたの木の家に逃げ込みま
した。
「ふふふ、この木の家も吹き飛ばしてやる！　ふうー！
もう一度ふうーっ！」
すると、二番目のこぶたの木の家も吹き飛んでしまいま
した。

　2ひきのお兄さんぶたは、急いで三番目のこぶたのレン
ガの家に逃げました。

「ふふふ、このレンガの家も吹き飛ばしてやる！」
「ふうー！　ふうー！　……ありゃ？」「ふうー！　ふう
ー！　……ありゃ？」何度息を吹いても吹き飛びません。

「それならえんとつから家の中に入ってやる！」
おおかみはえんとつを目指して屋根にのぼりはじめました。

こぶたたちは急いで鍋にグラグラとお湯を沸かすと、お
おかみがえんとつからザブーン。
「あちちちち……！」
おおかみは遠くへ逃げて行きました。

おしまい。

演じ方ポイント!
子どもたちを見回しながら息を吹きかける身振りで。

演じ方ポイント!
走って逃げる身振りで。

演じ方ポイント!
息を強く吹きかける身振りで。

演じ方ポイント!
息を強く吹きかけてから、首をかしげる感じで。

演じ方ポイント!
のぼっている身振りで。

アレンジポイント!
最後はみんなで協力しておおかみをやっつけたことを表現する。

演じ方ポイント!
お湯を払う手振りで。

『3びきのやぎのがらがらどん』アレンジ例 ❶

※場面が変わるときは、「間」を入れて、わかりやすく話しましょう。
※身振り手振り、演じ方やアレンジは、一例です。

むかし3びきのやぎがいました。
　大きいやぎの名前はがらがらどん、中くらいのやぎも、がらがらどん、小さいやぎもがらがらどん。名前はみんながらがらどんと言いました。

演じ方ポイント!
名前が同じという面白さを伝える感じで。

　あるとき3びきは、おいしい草を食べようと、山へのぼっていきました。
　のぼる途中の谷川には、気味の悪いトロルが住んでいました。

演じ方ポイント!
少し気味が悪そうに。

　グリグリ目玉は皿のよう、突き出た鼻は太い棒のようでした。

アレンジポイント!
絵本のイメージを大切にして、トロルの容姿の表現はなるべく変えない。

一呼吸おく。

演じ方ポイント!
目玉や鼻を手で表現し、子どもたちを見渡す感じで。

　さて、いちばんはじめに、小さいやぎのがらがらどんが橋を渡りにやってきました。
　カタ、コト、カタ、コトと橋が鳴りました。

演じ方ポイント!
場面がかわるときなので一呼吸おく。

「だれだ!　俺の橋をカタコトさせるやつは!」
「ぼくです。小さいやぎのがらがらどんです」
それは、とても小さな声でした。

演じ方ポイント!
大げさすぎず、低めの声で。

「ようし!　きさまをひとのみにしてやる!」
「ちょっと待って!　もう少し待てば、中くらいのやぎのがらがらどんがやってくる。ぼくよりずっと大きいよ」
「そうか、そんならとっとと行ってしまえ!」

演じ方ポイント!
小さく弱々しい感じで。

演じ方ポイント!
指を反対の腕の肘からエイッと前側に動かす感じで。

一呼吸おく。

演じ方ポイント!
場面がかわるときなので一呼吸おく。

　しばらくして、中くらいのやぎのがらがらどんが橋を渡りにやってきました。
　ガタ、ゴト、ガタ、ゴト、と橋が鳴りました。

「だれだ！　俺の橋をガタゴトさせるやつは！」
「ぼくです。中くらいのやぎのがらがらどんです」
さっきのやぎほど、小さな声ではありません。

「ようし！　きさまをひとのみにしてやる！」
「ちょっと待って！　もう少し待てば、大きいやぎの、がらがらどんがやってくる。ぼくよりずっと大きいよ」
「そうか、そんならとっとと、行ってしまえ！」

　そのとき、大きいやぎのがらがらどんが橋を渡りにやってきました。
　ガタン、ゴトン、ガタン、ゴトン。

「だれだ！　俺の橋をガタゴトガタゴトさせるやつは！」
「おれだ!!　大きいやぎのがらがらどんだ!!」
それは、とても強そうな声でした。

「ようし！　きさまをひとのみにしてやる！」
「さあこい！　こっちには大きな角がある！これで目玉は串刺しだ！　かたい前足で、肉も骨も粉々にしてやる！　えいっ!!　やあ！」

「わ————！！！！」

間をあけ、一呼吸おく。

　おそろしいトロルは、谷川に突き落とされました。
　それから3びきのやぎは山で、おいしい草をいっぱい食べて、仲良く暮らしているそうです。

おしまい。

演じ方ポイント!
小さいやぎより自信を持って。

演じ方ポイント!
小さいやぎのときと同じ手振りで。

演じ方ポイント!
ゆっくりと左右に揺れながら。

演じ方ポイント!
力強い声で勇ましく。トロルの声と同じにならないように。

演じ方ポイント!
指で頭上の角を作りながら。

アレンジポイント!
大きなやぎがどのようにやっつけるのかをわかりやすい言葉で表現。

演じ方ポイント!
角で刺す身振りで。

演じ方ポイント!
両手でこぶしを作って、殴るように。

演じ方ポイント!
少し体を傾けて倒れるような身振りをつけて話してもよい。

『3びきのやぎのがらがらどん』アレンジ例❷

※場面が変わるときは、「間」を入れて、わかりやすく話しましょう。
※身振り手振り、演じ方やアレンジは、一例です。

　むかし3びきのやぎがいました。名前はどれも、がらがらどんと言いました。

　ある日、いちばん大きいがらがらどんが言いました。

「向こうの山にはおいしい草がたくさんあるから、行ってみないか？」

アレンジポイント！
3びきのやぎのがらがらどんの会話を冒頭から入れることで、お話に引き込む。

　中くらいのやぎのがらがらどんも、小さいやぎのがらがらどんも、うれしそうに「行ってみたい！」と言いました。

　やぎたちが山をのぼっていると、大きな橋がありました。橋には、岩のように大きくて、気味の悪いトロルが住んでいます。

演じ方ポイント！
体の大きさを表す身振りで。

「あー、おいしいやぎが食べたいなあ、お腹がペコペコだ」と、やぎを狙っています。

演じ方ポイント！
意地悪そうにお腹がすいた身振りで。

　それを知らない小さいやぎは橋を渡りにやってきました。
　カタ、コト、カタ、コトと小さく橋が鳴りました。
「だれだ！　橋を渡るのは！」

演じ方ポイント！
低い声でにらみつけるように。

「小さいやぎのがらがらどんです。これから山に行くところです」

演じ方ポイント！
震えるような声で。

「おー、うまそうなやぎだ！　お前を食ってやる!!」

演じ方ポイント！
大げさすぎず、意地悪そうに。

「ちょっと待ってください。僕はこんなに小さいです。もう少し待てば中くらいのやぎのがらがらどんがやってきます」

演じ方ポイント！
胸に手を当てる身振りで。

「お前より大きいやぎか。楽しみだなあ！　渡っていいぞ！」

演じ方ポイント！
橋を渡るよう指さしでエイッと横に動かす身振りで。

　次に、中くらいのやぎのがらがらどんが橋を渡りにやってきました。
　ガタ、ゴト、ガタ、ゴトと橋が鳴りました。
「だれだ！　橋を渡るのは！」

演じ方ポイント！
低い声でにらみつけるように。

「中くらいのやぎのがらがらどんです。これから山に行

演じ方ポイント！
明るく。

くところです」

「おー！　うまそうなやぎだ。お前を食ってやる」

「ちょっと待ってください。もう少し待てば、僕よりずーっと大きいがらがらどんがやってきます」

「お前よりずーっと大きいやぎか。楽しみだなあ！　渡っていいぞ」

そのとき、大きなやぎのがらがらどんが橋を渡りにやってきました。

ガタン、ゴトン、ガタン、ゴトン、

「誰だ！　俺の橋をこんなに揺らすのは!!」

「俺だ！　大きいやぎのがらがらどんだ！」

「ずいぶん大きくておいしそうなやぎだ！　お前を食ってやる！」

「お前なんかに負けないぞ！　この大きな角で突き刺して、固い前足で川に落としてやる。エイッ！　ドン！」

「わ————————！！」

トロルは、ず———っと下のほうに落ちていきました。

「よかった。よかった」山にのぼった3びきは、草をたくさん食べてすっかり太っているそうですよ。

おしまい。

演じ方ポイント!

大げさすぎず、意地悪そうに。

演じ方ポイント!

大きさを表す身振りで。

演じ方ポイント!

小さいやぎのがらがらどんのときと同じように。

演じ方ポイント!

音に合わせて体を揺らす身振りで。

演じ方ポイント!

力強く。

演じ方ポイント!

指で角をつくり、「エイッ！」、両手のこぶしで前足に見立てて、最後の「ドン」でこぶしを突き出す。

演じ方ポイント!

少し体を下に傾けながら。

2章 ● 言語技術

Q 練習のとき、３分を過ぎたり足りなかったりして、心配です。

A 時間が、常に足りない、常に余る、というのなら調整の必要がありますが、３分を前後しているのであれば、問題はないでしょう。実際に、合格者も、時間ぴったりに終わった人のほうが少ないようです。

Q 演劇をやっているので、少しオーバーに演じてみてもいいですか？

A お話の相手は、目の前にいる３歳児です。声の大きさは、部屋の空間や、子どもとの距離に合った大きさにしましょう。課題に適切な身振り手振りを加えるように書かれていますが、あくまでも適切な、ということなので、３歳児がお話を聞くうえで、イメージを広げるのに役立つ程度で行いましょう。

Q 緊張しやすいので間違ったり、止まったりしてしまうことが心配です。

A 緊張して、声がふるえてしまったりしても、一生懸命いつも通りできれば大丈夫です。すぐに焦ってしまわず、進めましょう。それでも、間違えたり止まったりしたときは、一呼吸して軌道修正すれば大丈夫です。

先輩受験者の声

- 児童館でボランティアとして、３歳児の前でお話をさせていただいた経験がよかったです。当日は練習通り、笑顔でゆっくり、滑舌ははっきり、語尾まで丁寧に話しました。３秒オーバーしましたが、46点の高得点をいただきました。
- 子どもの前で話す機会があり、シーンが変わるときに一呼吸おいたり間をとったりすることや、リズム感を大事にして話したら、子どもの表情も変わって楽しんでもらえていると感じ、自信につながりました。子どもを見渡しながら話す練習にもなってよかったです。
- 10秒くらい早く終わってしまいました。練習のときは時間をオーバーしてしまうことが多かったのですが、試験当日は緊張のためか早く話してしまったのかもしれません。
- 時間が20〜30秒余ったように感じましたが、合格点をいただけました。やはり、子どもへの語りかけ方、表情などが大切なのだなと、感じました。
- 受験者シールを渡すとき、爪を見られているような気がしました。きちんと切ってくればよかったと後悔し、身だしなみは大切だなと思いました。

3章
造形に関する技術

試験当日に出される課題の保育の一場面を、
絵画で表現します。
保育の状況をイメージをした造形表現・情景・
人物の描写・色使いなどの力が求められます。

①入室する

全体ガイダンス後、受験番号ごとに決められた各教室に入る（出入り口の扉と黒板に座席表がある）。

②机の上をセッティングする

机の上に受験票、腕時計、色鉛筆等を並べる。色鉛筆は必要に応じてケースのまま、タオルの上、立てられるペンケースなどを利用して、並べる。

③試験監督官による持ち物のチェック

試験監督官がタオルや色鉛筆の入れ物、鉛筆削りなどにイラスト（風景やキャラクター）が描かれていないかチェックをする。このときに、鉛筆削りを使用する場合は申し出てから、机上に置く。

④問題と解答用紙が配布される

問題と解答用紙が配布されるので、試験監督官の指示により受験番号のシールを貼り、氏名を記入する。

⑤試験開始

試験監督官の合図で一斉に試験が開始される。

⑥終了5分前の合図がある

試験監督官より、試験終了5分前に声がかけられる。（場所によって声がかからないこともあるので注意）

⑦試験終了

試験終了の合図があり、解答用紙が回収され、退出する。

〈試験会場について〉

教室は大学の大教室が多いが、小教室で行われることもある。大教室は通路も広く、机も大きいので色鉛筆の置き場や、絵を描くのにも充分なスペースが確保できるが、小教室は色鉛筆を広げると、狭さを感じる場合もある。ほとんどが三人掛けの机に二人座る形をとる。いずれも、複数の試験監督官がいる。

（会場を上から見たイメージ図）

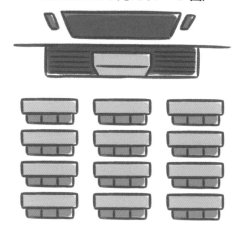

〈机の上のセッティング例〉

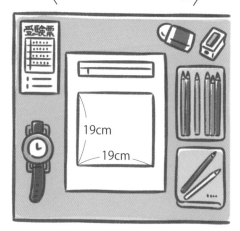

絵のサイズは19cm×19cmです。

「解答用紙サンプル」は以下のURLからダウンロードできます。
https://www.u-can.co.jp/book/download

受験当日、焦らずに落ち着いて受験できるよう、
試験の流れや会場のイメージをしておくとよいでしょう。

※試験の流れや試験会場のイメージイラストは一例です。会場によって違いがあります。

3章●造形技術

合格ライン"30点"を確実にするために！

合格ラインの点数である30点をとるために、最低限おさえておきたい試験のポイントや、試験に向けての準備を確認しておきましょう。

- 時間内に、問題の条件をすべて満たしたうえで、色塗りを終える、という合格点（30点）の最低ラインをクリアする。
- 事例の大切なポイントを読み取り、落ち着いて構図を決める。
- 構図は背景よりも、人物を中心に表現する。
- しっかりとしたタッチで、大きく、生き生きと描く。
- 保育士と子どもが見つめ合って笑っている場面など、楽しそうな風景を意識する。
- 練習で人物の表情、動きに違和感がないか、客観的な意見を聞いておく。
- 45分は意外と短いため、時間配分を決めて、何度も練習する。
- 時間短縮のために背景や人の服装や色を決めておく。
- 保育イラスト集などを参考にして、いろいろな保育の一場面の絵を練習する。

《保育の場面例》

「遠足（ブドウ狩り・芋ほり・動物園など）」「運動会」「誕生日会」「プール（水遊び）」「お店屋さんごっこ」「劇遊び」などの行事や、「散歩」、「登園・降園」「体操」「歌」「食事」「ままごと・ブロック」「絵本や紙芝居」「おにごっこ」「ボール遊び」「はさみ、絵の具、新聞、折り紙などの製作」など、一通り描いておく。

道具の選び方

用意する色鉛筆は12〜24色程度となっています。試験には、発色がよい色鉛筆がおすすめです。安価なもので、発色が悪いものがありますので、気をつけましょう。また、【摩擦熱で消える色鉛筆は、温度変化により絵が消える可能性があるため、使用は不可】となっているので注意しましょう。

下書きには、黒ではなく、うすい茶色、オレンジなどがおすすめです。黒の上に肌の色を塗ると、黒が混ざり、肌の色が汚れた感じになってしまいます。また、下書きになら消せる色鉛筆でも使用できます。自分に合ったものを選びましょう。

色鉛筆が転がらないようにタオルを敷いたり、自立するペンケースを準備したりするのもよいでしょう。ただし、【「人物の形をしたイラスト入りのもの」は机上に置けません】となっていますので、気をつけて準備しましょう。

時間を短縮するための道具の準備

よく使う色を複数本持っていくと、色鉛筆を削る時間を短縮できます。また、用途によって色鉛筆の削り方が太いものと細いものを準備していくとよいでしょう。色塗りには、太くて柔らかい色鉛筆が適しています。

45分の使い方例

試験時間の45分間はあっという間です。この例を参考に、無駄な時間をなくして時間内に課題の条件をクリアし、絵を完成させましょう。

`00:00` 試験開始
スタート

5分間 課題確認・構図決め

事例を読み、その下にある条件をチェックして構図を決め、問題用紙の余白などに小さい枠を書いて、その中に構図を描き込む。
条件をよく確認し、背景、人の配分、全体的な大きさをしっかりと決める。

`00:05`
5分経過

20分間 下書き

構図をもとに解答用紙に下書きを始める。ここで下書きをきちんと描くと、色塗りが楽になる。

`00:25`
25分経過

15分間 色塗り

すべてを塗り終えるように残り時間を意識しながら進める。また、明るいイメージになるように、時間があればしっかりと塗り込む。

`00:40`
40分経過

5分間 見直し確認

残り5分の合図で、塗り残しなどを確認する。

`00:45` 試験終了
45分経過

作品の合格例と不合格例

テーマ❶ 「保育室でおままごと」

合格例
OKポイント

- 保育士と子ども・子ども同士の目線が合っていて楽しそう。
- テーマに合わせて、エプロン、鍋などの小物を取り入れている。
- 話し声が聞こえてきそうな、生き生きとした場面が表現されている。

不合格例
NGポイント

- 全体的に右寄り。
- 人物が小さい。
- 余白が多い。
- 保育士と子どもたちの交流が見られない。
- 「保育室でおままごと」のテーマの表現が乏しい。

はじめに合格例と不合格例の絵と、それぞれのポイントを確認しましょう。どのような絵が合格につながるのか感覚をつかんで練習に臨むと、合格への近道になります。

テーマ❷ 「園庭・公園で遊んでいる風景」

合格例
OKポイント

- 全体的に人物が大きく描けている。
- 子どもたちに動きがある。
- みんなで協力しながら「砂山づくり」を楽しんでいる場面が表現されている。

不合格例
NGポイント

- 保育士が中心に描かれている。
- 保育士と子どもたちの交流が見られない。
- 子どもの大きさ（遠近感）がうまく表わせていない。
- 色の仕上がりが淡い。

作品の合格例と不合格例

テーマ❸「室内での風船あそび」

合格例
OKポイント

- 保育士と子どもが一緒に遊んでいる。
- 全体的に皆が生き生きと風船で遊んでいる様子が描けている。
- 風船で作ったネズミを持っているなど、「風船あそび」というテーマに対して工夫をしている。

不合格例
NGポイント

- 保育士が手を後ろに回して立っているだけ。
- 座っている子どもの足の表現が不自然。
- 背景の子どもの絵に時間をかけている。
- 風船あそびのテーマを楽しそうに表現できていない。

合格例

OKポイント

- 子どもが食べ物を口に運んでいるところなど、動きがある。
- 全体が大きく描かれている。
- 保育士と子どもの目線が合っている。
- 楽しそうな食事の風景が表現されている。

不合格例

NGポイント

- 子どもたちが下のほうに片寄っている。
- 三人の子どもたちが同じ姿勢である。
- 保育士が関わっている様子が見られない。
- 背景に立体的な小物などの工夫がない。

3章●造形技術

基礎練習 1 | 人物

絵の中心となる人物の描き方を、順を追って練習していきましょう。

1 顔の形と目、眉、口のパーツを描く

● 子ども……
顔の形は丸◯。目は中央より下。

● 大人……
顔の形は楕円◯。目は中央より上。

なぞり描きで練習 なぞり描きで描いた後、隣の余白に模写して練習をしてみましょう。

◉子ども

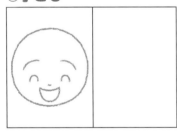  

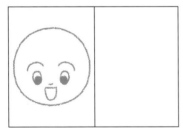 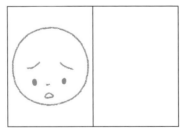 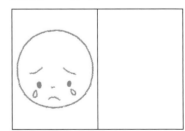

◉大人

 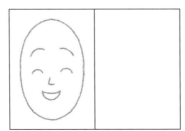

◉高齢者

64

2 顔の向きを描く

はじめは十字線を顔の中に書いて、向きの感覚をつかんでいきます。感覚がつかめ、イメージを捉えられるようになったら十字線は取って描いてよいでしょう。

例 いろいろな向きを描いてみましょう。

正面	右斜め上	左斜め下	下向き

なぞり描きで練習 なぞり描きで描いた後、隣の余白に模写して練習をしてみましょう。

●子ども

  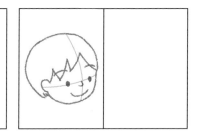

●大人

  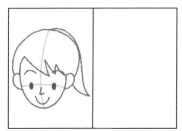

3 全身を描く

- 子ども……体はおよそ3～3.5頭身。子どもは全体的に丸みをもたせます。異年齢は頭身を
  変えて表すとよいでしょう。
- 大人………体はおよそ5頭身。

例 ※年齢は目安です。

3歳未満児

顔をやや
大きく

大人

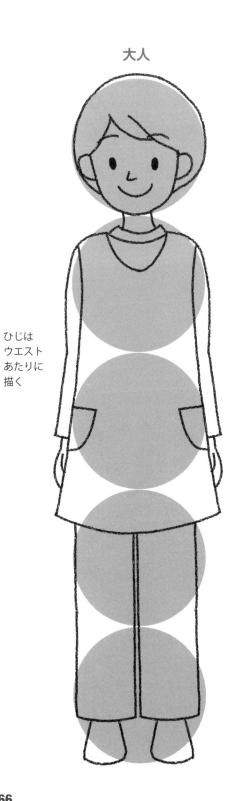

ひじは
ウエスト
あたりに
描く

3歳以上児

4 棒人間で関節をチェックする

自然な姿勢を描けるようになるには、関節（可動部位）を意識して描くことが大切です。

喜ぶ

走る

物を渡す

体育座り

しゃがむ

なぞり描きで棒人間と肉付けした絵を描いた後、隣の余白に関節を意識した絵を練習してみましょう。

●子ども《左向きに走る》

《左向きに座る(体育座り)》

●大人《右向きに走る》

《座る(正座)》

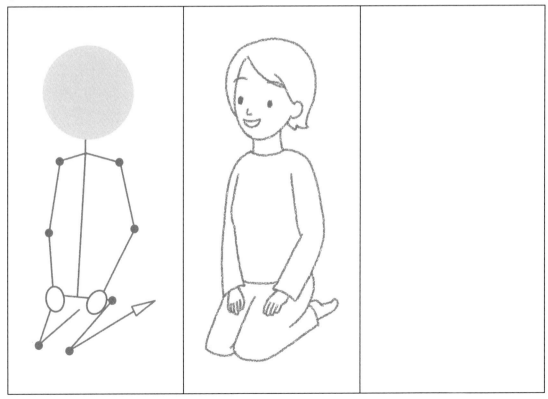

3章●造形技術

5 姿勢を応用して描く

同じ姿勢でも小物を変えるだけで、様々な場面に応用することができます。

「机での姿勢」の応用

◉食べる

◉製作遊び

◉粘土遊び

「座って何かを持つ姿勢」の応用

◉絵本を読む

◉ボールなどの玩具を持つ

◉小動物と触れ合う

「走る姿勢」の応用

◉ゴールテープを切る　　◉ダンスを踊る　　◉凧あげをする

「片手をあげる姿勢」の応用

◉大縄跳びを持つ　　◉クリスマスの飾りつけ (七夕にも応用可)　◉窓ふき

3 章 ● 造形技術

6 イラストを模写する

模写をするときは、角度や幅など不自然さがないか、細部に気を配ります。絵の得意な方は、顔を自由に表現してみてもよいでしょう。

なぞり描きで練習 なぞり描きで絵を描いた後、隣の余白に絵を模写して練習してみましょう。

◉踊る（踊る姿を体全体で表現して）

◉右へ走る（手足の位置関係をチェック）

◉立ちひざ

◉しゃがむ

◉**右にかがむ**（優しく明るい表情で）

◉**しゃがむ**

◉**子どもをひざに乗せる**

◉**0〜1歳児を抱く**（子どもと目線を合わせて）

3章●造形技術

73

なぞり描きで練習
●登園（降園）のあいさつ

●大縄跳びで遊ぶ

●室内遊び（積み木やブロックをつけ足してみましょう）

◉公園で遊ぶ（スコップやバケツなどの道具をつけ足してみましょう）

手にも表情があります。雑になりがちですが、指を意識して練習し、応用しましょう。

『手をひらく』

『手を水平に伸ばす』

『手をたたく』

『手をつなぐ』

『絵を描く』

『ハサミを使う』

『折り紙を折る』

『お箸を持つ』

3章●造形技術

左のイラストを模写したり組み合わせたりして、課題場面を余白のスペースに完成させましょう。

●合奏している場面を描いてみましょう

●お餅つきの場面を描いてみましょう

●跳び箱の場面を描いてみましょう

●机で粘土をしている場面を描いてみましょう

●机で見えなくなる部分を
考えながら描きましょう。

3章●造形技術

| 基礎練習 2 | 背景 | 作品の中心は"生き生きとした人物"であることが望ましいため、基本の背景には時間をかけない工夫が必要です。 |

背景の工夫

背景は、テーマの条件をわかりやすく表現するのに大切です。しかし、決められた時間内で、人物を中心に描く課題では、背景にかける時間は短くてよいでしょう。どんなテーマにも対応できるような、基本の背景、遊具などの小物も含め、室内、戸外、それぞれに準備しておきましょう。

〈背景の手法〉

絵にメリハリを付けたり奥行を出したりするために基底線や消失点などを使用します。

● 基底線……床と壁、地と空などを分ける線のこと。基底線の位置によって、絵全体の印象が変化する。

①基底線が中心より上。
奥行があり、床や地面が広くなる。

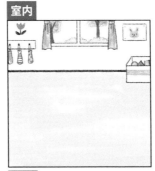

②基底線が中心より下。
奥行が少なく、背景の面積が多くなる。

● 消失点……遠近の距離の間隔を画面に描き出す方法である、「遠近法」の一つ。（P.84「基礎練習3手法 1遠近法について」参照）

消失点を基底線の上に置くと、部屋に広がりが出る。

保育室	園内のテーマでは、保育室、ホール、玄関、ランチルームなど、様々な場所が予想されます。

ポイント解説

①窓の外の景色で季節を表現する。

　（例：秋、冬は枯れ葉が散る様子を描く）

②壁面の空間は、子どもの描いた絵、タオル掛け、タンス、本棚などで埋めていくが、背景の小物には時間をかけすぎないことが大切である。

③ボールを箱に入れて立体感を出したり、小物に影をつけたりと、手法を取り入れて描けるものを準備しておく。

④床のラインは、縦でも横でも構わない。床がきちんと塗ってあることが大切。

園庭	条件によっては、公園でも同じ背景を使用することができます。

ポイント解説

①柵の後ろの木は時間に余裕がなければ省略できる。

②柵の網目は暗い色を使うのは避ける。

③鉄棒やタイヤなど、簡単に描ける遊具や水たまりなどの表現を準備しておく。

④タイヤは黒でない色をつけるのがポイント。

⑤暗くなりがちな地面などの色は、明るめの色を混ぜると絵全体が沈まない。

例

室内・戸外の背景バリエーション

室内

戸外
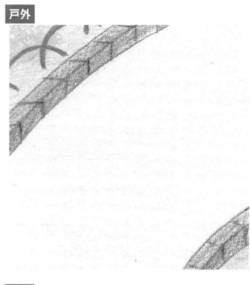

室内
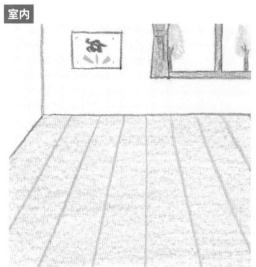

戸外

室内
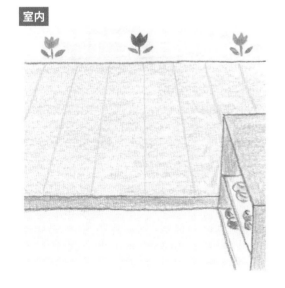

戸外
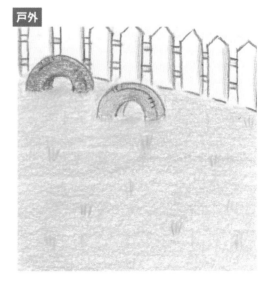

1　遠近法について

絵画で「遠近」「高低」「広狭」などの空間を表現する方法です。基底線の上に山を描くと、手前に広大な土地が広がっているように見えます。また、人物は奥にいる人を小さく、手前にいる人を大きく描きます。また、P.80にある消失点を用いた遠近感を出す手法もありますが、絵を描くことに慣れていない人は、遠近法をいくつも使いこなすことより、簡単なルールを知り、自分の絵に取り入れる程度でよいでしょう。ボール入れなどの小物で、空間や奥行きを表すことも一つの方法です。

2　明暗法（影）

光があれば、そこには必ず「影」があります。明暗法は、絵に立体感を出すために有効な方法です。戸外の日差しや、室内の蛍光灯の光などでできる影を、物や人物の地面や床に少し加えるだけで、立体感を出すことができます。影は光の当たるほうの反対側に現われることを意識して表現しましょう。人物の足元やボールの影は比較的取り入れやすいので、使ってみましょう。

84

3 着彩

造形技術試験では短時間で美しく着彩しなくてはなりません。そのため、色鉛筆の芯は柔らかめで発色がよいものを選ぶこともポイントのひとつです。また、面積の多い塗りつぶしの場合は色鉛筆を斜めに持って着彩するなど、目的に合わせた持ち方の工夫も必要です。明るい雰囲気が出るように、明るい色を選びましょう。時間があれば、縦・横・斜めと同じ場所を塗り重ね、濃さを出しましょう。何も塗らない部分は無い方がよいです。また、塗り残しがない様に気をつけましょう。

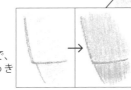

服の色を塗り重ねることで、背景と人物との差がはっきりとして、奥行きが出る。

鉛筆を立てて広い面を塗るとむらになる（左）。一定方向に塗らないと雑な印象に（右）。

4 混色

2色以上の色を混ぜて表現する手法です。色鉛筆は、色の上に色を重ねにくい性質があり、絵の具のように色が混ざることはありません。色と色の隙間に色を塗り重ねる混色で、色数を増やすことや、微妙な色の変化をつけることができます。背景や、砂場など、暗い色の隙間に少し明るい色を足すと、全体的に明るく見えるようになります。例えば、髪の毛のように黒一色だと、暗くなりがちな時にいろいろな茶色を混色するなどの工夫に利用するとよいでしょう。

実践練習 | 事例に挑戦

人物が自然に描けるようになったら、様々な事例を見て構図を考える経験を積みましょう。何度も練習して、自信をもって本番に臨みましょう。

※解答用紙サンプルはパソコンでダウンロードが可能です。(P.3参照)

事例の取り組み方

試験では問題のはじめに『【事例】を読み、次の4つの条件をすべて満たして、解答用紙の枠内に絵画で表現しなさい。』と書いてあります。まず、事例と条件をしっかり読んで場面を想像しましょう。大きく描くこと、楽しそうに描くことなどの大事なポイントを確認し、小さな枠に全体の構図を描いてみることから始めましょう。ここできちんと考えをまとめておくと、後の工程で迷わず描くことができます。

事例 1　　　→解答見本例 P.89

A保育所の保育室で3歳児クラスの子どもたちが自由に遊んでいます。先生のところに絵本を持ってきて読んでもらっている子どももいます。

条件

❶いろいろな遊びをしている子どもがいること。
❷保育室の様子およびおもちゃを描くこと。
❸子ども3名以上、保育士1名以上を表現すること。
❹枠内全体を色鉛筆で着彩すること。

ここを確認!

• 事例と条件から見たポイントがおさえられているか。
　（①室内、②3歳児、③自由遊び、④絵本を読んでもらっている子ども⑤いろいろな遊び⑥おもちゃ⑦子ども3名以上、保育士1名以上）
• 遊びが限定されていないので、自分の得意な姿勢の子ども、おもちゃを応用できる。絵本を読んでもらうのは、先生のひざ、床の上、机の上などの選択肢がある。

事例 2　　　→解答見本例 P.89

B保育所の室内で5歳児クラスの子どもたちが、跳び箱で遊んでいます。子どもたちは1列に並んで順番を待ち、先生が跳び箱の横で、安全を確認しながら手伝っています。

条件

❶跳び箱の順番を待っている様子がわかること。
❷跳んでいる子どもを描くこと。
❸子ども3名以上、保育士1名以上を表現すること。
❹枠内全体を色鉛筆で着彩すること。

ここを確認!

• 事例と条件から見たポイントがおさえられているか。（①室内、②5歳児、③跳び箱、④1列で並んで待つ子ども、⑤先生が横で安全確認、⑥跳び箱を跳んでいる子ども、⑦子ども3名以上、保育士1名以上）
• 条件がある程度決められているので、それぞれの配置を決めることがポイント。1列の並ばせ方が決まれば、全体の構図が決まってくる。

事例 3
→解答見本例 P.90

C保育所の園庭で、5歳児クラスの子どもたちがプール遊びをしています。保育士も一緒に楽しそうに水遊びをしています。

条 件

❶水遊び用の遊具で遊んでいる様子がわかるように描くこと。
❷活動をしている園庭の様子がわかるように描くこと。
❸子ども3名以上、保育士1名以上を表現すること。
❹枠内全体を色鉛筆で着彩すること。

事例 4
→解答見本例 P.90

D保育所の5歳児クラスの子どもたちが、しっぽとり遊びをしています。しっぽを取ったり取られたり、楽しそうです。保育士も子どもたちと一緒に遊んでいます。

条 件

❶室内でも屋外でもどちらでもよい。
❷【事例】に書かれている保育の様子がわかるように描くこと。
❸子ども3名以上、保育士1名以上を表現すること。
❹枠内全体を色鉛筆で着彩すること。

事例 5
→解答見本例 P.91

今日はE保育所の運動会です。2歳児の子どもたちがおうちの方と一緒に、楽しそうにプログラムに参加しています。

条 件

❶2歳児がプログラムに参加しているところを描くこと。
❷親子で一緒に参加している様子を描くこと。
❸子ども2名以上、保育士1名以上、おうちの方1名以上を表現すること。
❹枠内全体を色鉛筆で着彩すること。

事例 6
→解答見本例 P.91

F保育園の玄関の様子です。おうちの方が迎えに来て、帰る支度をしている子どもがいます。今まで一緒に遊んでいた異年齢の子どもにお別れをしています。

条 件

❶降園時の場面がわかるように描くこと。
❷異年齢の子どもと、別れのあいさつをしている様子がわかるように描くこと。
❸子ども3名以上、保育士1名以上、おうちの方1名以上を表現すること。
❹枠内全体を色鉛筆で着彩すること。

3章●造形技術

事例 7 →解答見本例 P.92

G保育所の園庭で、みんなで育てたさつまいもを掘っています。先生と一緒に異年齢の子どもたちがふれあい、楽しそうです。自分で掘ったおいもを、うれしそうに見せている子どももいます。

条件

❶いも掘りをしている子どもたちを描くこと。
❷異年齢との交流がわかるように表現すること。
❸子ども3名以上、保育士1名以上を表現すること。
❹枠内全体を色鉛筆で着彩すること。

事例 8 →解答見本例 P.92

H保育所の5歳児クラスの子どもたちが、お正月遊びをしています。コマ回しなどの昔遊びを、楽しそうにしています。

条件

❶2つ以上の昔遊びをしている様子を描くこと。
❷室内でも、屋外でもよい。
❸子ども4名以上、保育士1名以上を表現すること。
❹枠内全体を色鉛筆で着彩すること。

事例 9 →解答見本例 P.93

I保育所の子どもたちが、水族館に遠足に行きました。大きな水槽があり、たくさんの生き物がいました。子どもたちはとてもうれしそうです。

条件

❶子どもたちが生き物に喜んでいる水族館の1シーンを描くこと。
❷生き物は自由に選んでよい。
❸子ども3名以上、保育士1名以上を表現すること。
❹枠内全体を色鉛筆で着彩すること。

事例 10 →解答見本例 P.93

J保育所の3歳児クラスで、楽器遊びをしています。それぞれ好きな楽器を持って楽しそうに演奏しています。先生はみんなの音が合うようにリズムをとっています。

条件

❶楽器は何でもよい。
❷3人がそれぞれ別の楽器を持っていること。
❸子ども3名以上、保育士1名以上を表現すること。
❹枠内全体を色鉛筆で着彩すること。

解答見本例

事例 **1**

《ポイント》

条件の「いろいろな遊び」は、積み木と、人形遊びをしている女の子できちんと表現され、それぞれが自分の遊びに満足している様子も表しています。立体感、影、混色などの手法も見られます。

事例 **2**

《ポイント》

跳んでいる子どもを正面にして、並んでいる子どもを少しずらすなど、構図に工夫が見られます。また、座っている子ども、跳んでいる子ども、立っている子ども、といろいろな姿勢で、動きを表現しています。保育士の微笑んで見守っている表情もポイントです。

3章●造形技術

事例 **3**

《ポイント》

条件に水遊び用の遊具を使う
とあるので、じょうろやバケ
ツなどを描いて、より楽しさ
が伝わるように描いていま
す。子どもたちの表情も生き
生きと表現すると、プール遊
びの絵に躍動感が出ます。幼
児用のプールなので、水の深
さに注意することもポイント
です。

事例 **4**

《ポイント》

室内でも戸外でもどちらでも
よいという条件があるので、
まず背景（ホール、教室、公
園、園庭など）を決めましょ
う。右図はホールです。しっ
ぽを取ったり取られたり、と
いう動きを意識しながら、保
育士や子どもたちを楽しそう
に表現しています。

事例 **5**

《ポイント》

運動会の場面では衣服は運動着、先生はエプロンなしのポロシャツなどがよいでしょう。子どもには帽子をかぶせましょう。運動会の競技など、いくつかの場面を練習しておくとよいでしょう。背景に万国旗を描くと運動会らしくなります。子どもは少し頭を大きくし、2歳児らしく表現します。

事例 **6**

《ポイント》

おうちの方が迎えに来て、玄関で靴を履いていることでこれから帰る場面を表し、異年齢の子どもは先生に抱かれている赤ちゃんにすることで年齢の差を表現しています。子どもが、赤ちゃんと楽しく遊んでいたシーンが見えてきます。保護者の仕事着、普段着なども練習しておきましょう。

事例 **7**

《ポイント》

場所は園庭とありますが、園庭の端に畑があって、そこで掘っているという状況なら、特に園庭に気を取られなくてもいいでしょう。長靴や、ビニールバッグなどでおいも掘りの背景を、わかりやすく表現しています。異年齢と一緒に掘ることでふれあいを表しています。

事例 **8**

《ポイント》

条件に「室内でも、屋外でもよい」と書いてあります。屋外は凧あげ、羽根つき、コマ回しなどが選べます。コマは室内外どちらでも使えます。室内では福笑い、すごろく、かるたなどがあります。ここでは、室内でコマ遊びを表し、ひもで動きを表しています。

事例 9

《ポイント》

「大きな水槽にたくさんの生き物」という条件から、ペンギンや、ヒトデなどの触れ合える生き物などのいろいろな背景が当てはまるでしょう。大きな水槽の前で、保育士や子どもたちが驚きを共有し合っている楽しそうな様子が見られます。

事例 10

《ポイント》

楽器は何でもよいとありますが、3歳児が使う楽器はやはり打楽器などがよいでしょう。3人の持つ楽器を決めるときは、動きのあるものを意識しましょう。ここでは、マラカスを持ち上げて、足を動かしてリズムに乗っている子どもを表現しています。

3章●造形技術

93

造形技術 Q&Aと先輩受験者の声

 絵が苦手でも大丈夫ですか？

苦手はポイントをおさえた練習でカバーできます。まず、自然な姿勢の人物の描写の練習に時間をかけ、自信をつけましょう。人一倍練習するという気持ちで描いているうちに上達し、絵を描くことが楽しくなってくるはずです。

 保育の一場面というのが、イメージできません。

保育園の一日の過ごし方や行事などを知り、現場を見たり、絵本やイラスト集などを参考にしたりして、イメージしてみましょう。

 練習しても、いつも時間が足りません。

どこに時間がかかるのかを確認して、対策をしましょう。事例を見て構図を決めるのが苦手な人は、構図を起こすまでを何度も練習します。絵に時間がかかる人は、人物・服装・背景・色などを事前に決めておき、塗る時間を短縮するために太い色鉛筆を準備する、などの対策ができます。本番と同じサイズ19cm×19cmの枠を書いた紙※を使い、45分で描く練習をして、時間の感覚を身につけましょう。

※解答用紙サンプルはパソコンでダウンロードが可能です。（P. 3参照）

先輩受験者の声

- ■ よく使う色の色鉛筆は2本用意しました。
- ■ 練習の数をこなすことは必要だと思います。時間を最小限にするために、自分なりのパターン（人の髪型、服装の色など）を決めていたのが役に立ちました。
- ■ 絵が苦手だったので、1日2枚程度、試験時間と同じ45分で事例練習を行い、本番でも余裕をもって臨むことができました。
- ■ 色鉛筆の片方を細く、もう片方を塗り用に太く削って用意しました。
- ■ タオルや色鉛筆の入れ物の柄が風景やキャラクターだと試験前に没収されてしまうので、気をつけて用意したほうがよいです。
- ■ 当日は、下書きの時点で迷い、時間を使いすぎてしまいました。緊張すると、造形の45分は短い！と感じました。

●執筆・監修

柳澤康乃【言語技術】【造形技術】

保育士養成講座、求職者支援訓練等にて、子どもの保健、実技等科目を担当。「アルバ保育士実技対策講座アカデミー」にて、少人数制が人気の、対面・オンライン講座「保育士試験実技対策講座　造形・言語」を担当。合格者を多数輩出中。
hoikushigokaku@gmail.com

原木美有紀【音楽技術】

日本大学藝術学部音楽学科声楽コース卒業。同大学院修士課程修了。中高音楽専修教員免許、保育士資格取得。リトミック講師。保育士養成講座や求職者支援訓練にて、楽典・音楽実技を担当し、多くの合格者を輩出中。ボイストレーナーの経験を活かし、短期間で声量と歌唱力をアップし確実に合格へ導く指導法が好評。

●法改正・正誤等の情報につきましては、下記「ユーキャンの本」ウェブサイト内
「追補（法改正・正誤）」をご覧ください。
https://www.u-can.co.jp/book/information

●本の内容についてお気づきの点は
・「ユーキャンの本」ウェブサイト内「よくあるご質問」をご参照ください。
　https://www.u-can.co.jp/book/faq
・郵送・FAXでのお問い合わせをご希望の方は、書名・発行年月日・お客様のお名前・
　ご住所・FAX番号をお書き添えの上、下記までご連絡ください。
【郵送】〒169-8682 東京都新宿北郵便局 郵便私書箱第2005号
　　　　ユーキャン学び出版　保育士資格書籍編集部
【FAX】03-3378-2232
◎より詳しい解説や解答方法についてのお問い合わせ、他社の書籍の記載内容等に
　関しては回答いたしかねます。

●お電話でのお問い合わせ・質問指導は行っておりません。

<スタッフ>
デザイン・DTP：ドット テトラ　株式会社 エムツークリエイト
浄　　　書：前田明子
イ ラ ス ト：クボトモコ　ささきともえ　三角亜紀子
　　　　　　メイヴ　rikko
図　　　版：坂川由美香（AD CHIAKI）
校　　　正：みね工房
装　　　丁：宮坂佳枝

2024年版 ユーキャンの保育士 実技試験合格ナビ

2019年4月19日　初 版　第1刷発行	編 者　ユーキャン保育士試験研究会
2024年4月19日　第6版　第1刷発行	発行者　品川泰一
	発行所　株式会社 ユーキャン 学び出版
	〒151-0053
	東京都渋谷区代々木1-11-1
	Tel.03-3378-1400
	編 集　株式会社 KANADEL
	発売元　株式会社 自由国民社
	〒171-0033
	東京都豊島区高田3-10-11
	Tel.03-6233-0781（営業部）

印刷・製本　望月印刷 株式会社